BROT UND SPIELE UND WAS DARAUS GEWORDEN IST

János der

Trompeter

VINDOBONA
VERLAG SEIT 1946

Bibliografische Information
der Deutschen Nationalbibliothek:

Die Deutsche Nationalbibliothek
verzeichnet diese Publikation in
der Deutschen Nationalbibliografie.
Detaillierte bibliografische Daten
sind im Internet über
http://www.d-nb.de abrufbar.

www.vindobonaverlag.com

© 2022 Vindobona Verlag

ISBN 978-3-949263-51-4
Lektorat: Susanne Rosenstolz
Umschlagfotos: Roman Prysiazhniuk,
Sergey Siz´kov | Dreamstime.com
Umschlaggestaltung, Layout & Satz:
Vindobona Verlag

Gedruckt in der Europäischen Union
auf umweltfreundlichem, chlor- und
säurefrei gebleichtem Papier.

Inhaltsverzeichnis

1.

Vorwort

Das Buch, das Sie jetzt in den Händen halten, nimmt zu verschiedensten Themen, die in unserem Leben eine Rolle spielen, Stellung. Miteinander haben sie aber nicht zwingend was zu tun. Falls Sie Probleme haben und in diesem Buch Antworten finden wollen, legen Sie es weg und laufen Sie in die nächste Buchhandlung. Es gibt mittlerweile zahllose Selbsthilfebücher, auch viele gute, und Sie werden garantiert fündig werden. Zwar können einige der hier angeführten Gedanken zu kurzfristigen Erkenntnissen führen, und die Anwendung einiger der hier aufgeführten Rituale und Techniken wird sicher von **Nutzen** sein, doch hat die Sache zwei Haken: zum einen wird hier keine Methode verfolgt, zum anderen fehlt ein*e Trainer*in.

Der Nutzen, den Sie aus der Lektüre ziehen können, besteht darin zu spüren, inwieweit Sie derselben bzw. anderer Meinung sind, worin Sie sich selbst oder Ihr Umfeld finden, in welchen Bereichen Sie sich noch verbessern wollen, welche Gewohnheiten Sie ablegen wollen/sollten und ein paar Gedanken, die Sie noch nicht gehört haben und die Sie hoffentlich bereichern und erfrischen werden, aufzunehmen.

Auf stark autobiographische und daher subjektive Weise schildere ich zu den Themen nicht nur meine *Meinungen,* sondern – und das ist der unterhaltsamere Aspekt – meine *Erfahrungen,* sodass – auch wenn ich das nur sehr ungern sehe und zugebe, warum werden Sie im Verlauf der Lektüre merken – sich dieses Buch auch gut als Unterhaltungsbuch eignet.

Die Lektüre vieler anderer Autor*innen, sowohl von Sachbüchern als auch von Belletristik, moderner als auch klassischer Literatur, hat dieses Buch sicher entscheidend beeinflusst, jedoch wird hier darauf verzichtet, diese Autoren aufzulisten, weil sie an den Stellen, an denen ihr Gedankengut erwähnt wird, sowieso genannt werden. Der Leser möge mir diese Dreistigkeit bitte verzeihen. In diesem Sinne, viel Spaß!

Hinweis:
Für den Fall, dass sich jemand gekränkt oder bloßgestellt fühlt, bitte ich um Verzeihung (aber wer sagt denn, dass dieses Buch je publiziert wird).

2.
Zeit

Denken Sie das Leben wäre lange? Sagen wir mal ein Mensch wird fünfundsiebzig. Ein Jahr hat (365 x 24 =) 8.760 Stunden. 10 Jahre haben 87.600 Stunden. Ich runde mal, also sagen wir 90.000 Stunden mal 7 sind 630.000 Stunden. Liebe Lesende, ein Mensch lebt nicht einmal eine Millionen Stunden. Sagen wir mal man verpennt ein Drittel seiner Lebenszeit, dann sind es nur noch 400.000 Stunden. Ziehen wir die Kindheit (zehn Jahre) und die letzten Leidensjahre (fünf Jahre) ab, sind wir bei 295.000 Stunden, also ein Drittel einer Millionen.

In Tagen ist die Rechnung fast noch eindrucksvoller: 365 Tage im Jahr mal 75 sind 27.375 Tage, glaube ich. 273 Tage machen bereits ein Prozent unseres Daseins aus. Mehr als ein Drittel meines Lebens liegt bereits hinter mir. Wie ist es bei Ihnen? Wollen Sie noch was Bestimmtes tun, bevor der Tod Sie ereilt? Oder weiterleben wie bisher? Lange wird's ja eh nicht mehr dauern.

Was können Ihnen diese Berechnungen bringen?
1. Prioritäten zu setzen: Dadurch, dass es nur eine begrenzte Menge an Zeit gibt, ist eben nicht für alles Zeit, daher muss man entscheiden, was wichtig genug ist, dass man Zeit damit verbringt. Ein Beispiel: Jemand wollte immer schon ein Buch schreiben und kriegt jetzt die Diagnose: „In drei Jahren bist du tot." Diese Person wird nun wohl entscheiden müssen, ob er noch alles Mögliche macht, dann wird es knapp mit dem Buch, oder sie schreibt erstmal das Buch und verzichtet dafür auf viele eher unwichtige Kleinigkeiten.
2. Bei schwierigen Entscheidungen Mut zu fassen: Die Person wird auch mehr Risiken eingehen können, wenn sie sich in einer Situation mit unklarem Ausgang befindet, von der sie

eigentlich spürt, dass sie den riskanteren Weg nicht unbedingt gehen sollte, aber gehen möchte.

3. Schmerz, Krankheit, Leid aller Art zu ertragen: LiebeLesende, wenn Sie Unglück egal welcher Art heimsucht, so vergleichen Sie es mit der Situation des Sterbebetts, denn nach allem, was mir darüber zu Ohren gekommen ist, ist das wohl der Gipfel geballten Elends.

Gestern Abend entschied ich mich dazu draußen zu speisen. Als ich so umherschweifte, kam mir folgender Gedanke: Angenommen, jemand hört über eine Person, die er nicht kennt, dass sie achtzig Jahre alt ist. Stellen Sie sich vor, jemand würde zu Ihnen sagen: „Die Person ist achtzig." Was brächte Ihnen die Information? So gut wie gar nichts. Zeit allein ist eine tote Angabe. Interessant wird es erst, wenn angegeben wird, was in der Zeit geschehen ist, also der Inhalt der Zeit miteinbezogen wird. Bildlich: Stellen wir uns die Zeit als den Inhalt eines Gefäßes vor, da ist die reine Menge nicht so wichtig wie die Art des Inhalts. Demnach wäre die Aussage, dass jemand achtzig Jahre alt ist so wie: „Sie hat vierhundert Liter." Nun, vierhundert Liter Luft sind uninteressant, vierhundert Liter Champagner hingegen könnten der Frau ihre letzten Tage versüßen. Es kommt also nicht darauf an, wie lange sie gelebt hat, sondern womit sie ihre Zeit verbracht hat. Was ist interessanter? Ein Achtzig-jähriger, der die letzten vierzig Jahre nichts anderes als geputzt, gekocht, ferngeschaut und zweimal im Jahr – man höre und staune – Urlaub gemacht hat. Wenn es hochkommt, hat er auch noch zwei Kinder. Er hat nie etwas wirkliche Extremes durchgemacht, war nie pleite, erlebte nie Luxus, hatte keinen schweren Unfall und hat sich nie weitergebildet. Oder, ein Mensch, der mit zweiunddreißig Jahren gestorben ist, der Risiken eingegangen ist, Leid erlebt hat, aber in irgendeiner Hinsicht etwas vollbracht hat, wegen dem andere zu ihm aufschauen oder von dem sie profitieren. Der vielleicht etwas erfunden hat, was Leuten weitergeholfen hat, der sie mit seiner Tätigkeit beglückt hat, in irgendetwas der Beste war, oder etwas gegründet hat. Mir fallen spontan bestimmt acht Leute ein, die jung gestorben sind, denen aber bis heute eine zehnfach höhere Bedeutung zukommt als den zahlreichen Senioren, die mir über den Weg laufen. Nicht böse gemeint, ich bin ja auch keine Berühmtheit, nur sollte allen klar sein, wie unwichtig die reine Zahl an Lebensjahren ist...

Ein anderes Beispiel: Stellen Sie sich vor, Sie erfahren über eine Person: „Sie hat gestern insgesamt fünfundzwanzig Minuten lang das größte Gelenk des rechten Daumens bewegt." Haben Sie dadurch ein besseres Bild von der Person? Nein! Warum? Weil die Angabe fehlt, wozu sie die Bewegung ausgeführt hat. Hat sie keine anderen Finger oder ist sie eine Serienmörderin und hat mit dem Daumen den Revolver bedient? Ist sie Wissenschaftlerin und hat etwas unters Mikroskop gelegt und musste die richtige Position finden? Hat sie Kleidung genäht? Oder war es doch der Gameboy, den sie so gerne nutzt? Verstehen Sie endlich, worauf ich hinauswill?

Obige Ausführungen deuten daraufhin, dass das wichtigste an der Zeit ein nicht messbares Element ist: ihr Inhalt. Kürzlich las ich einen Artikel über den ältesten Menschen der Welt, eine Französin. Auf Wikipedia wird ja eine Liste der ältesten Menschen der Welt geführt. Als ob es eine Leistung wäre, als ob es erstrebenswert wäre alt zu werden. Eine Leistung ist es sicher nicht, alleine schon, weil man wenig dafür kann, wie alt man wird. Und ist es wirklich erstrebenswert? Wie viele kerngesunde Alte kennen Sie? Und wie viele Alte kennen Sie, die pro Woche mindestens einmal zum Arzt gehen, meist sogar noch öfter? Mehr Alte, die dauernd zum Arzt gehen, stimmt's? Sind Sie vielleicht sogar alt? Wie ist Ihr Gesundheitszustand im Vergleich zu früher? Besser? Haha. Gibt es überhaupt jemanden, der über sechzig ist und gesünder ist, als er es mit fünfunddreißig war? Warum wollen Menschen überhaupt alt werden? Es ist die Uneinsichtigkeit, dass ein möglichst langes angenehmes und durchschnittliches Leben ohne Risiko, aber auch ohne Errungenschaften, sinnvoller ist als ein unangenehmes, überdurchschnittliches Leben. Recherchierenswert wäre an dieser Stelle wie lange die Menschen früher gelebt haben. Viele sagen ja, es sei viel kürzer gewesen. Ich denke, dass es nicht so ist. Immer wieder stoße ich bei Leuten, deren Leben Jahrhunderte her ist bei Wikipedia auf ein Alter von sechzig, fünfundsechzig, gar achtzig Jahren. Deswegen denke ich, dass der Unterschied geringer ist, als wir oft annehmen.

Um das Thema alt werden zusammenzufassen: Meiner Meinung nach ist es besser früh zu sterben (sagen wir vor fünfzig bzw. vor sechzig), denn zum einen muss man nicht lange leben, um etwas hervorzubringen (viele Künstler starben jung) und zum andern ist das Alter mit zahlreichen Unannehmlichkeiten verknüpft, von deren Intensität die Einzelnen in jungen Jahren noch nichts wissen können. Wenn jene, die alt werden wollen vom „alt werden" sprechen, meinen sie damit „möglichst spät sterben". Und gerade darin liegt die Kurzsichtigkeit vieler, denn leben ist nicht gleich leben und das, was sie als leben kennen ist das Leben als junger Mensch, das sich anders anfühlt als das Leben als alter Mensch. Also Leute: Stirbt früh!

3.
Soziale Netzwerke, Handy und Internet

Gerade ist alles, was ich seit dem 27.09.20 geschrieben habe, verloren gegangen. 27.09.–07.12., das sind zwei Monate und zehn Tage! So ein Mist! Es war für so gut wie jedes Kapitel was dabei. Circa dreiundachzig Seiten hatte ich! Als der Absturz stattfand, war ich gerade beim letzten Teil des Kapitels „Soziale Medien", also dem Kapitel, das Sie jetzt gerade angefangen haben.

Dieses Kapitel entstand mit der Grundposition, dass Soziale Medien suchtfördernd sind und negative Eigenschaften hervorrufen oder zumindest fördern. Genaue offizielle Zahlen liegen hier nicht vor, weswegen das ganze subjektiv, einfach basierend auf einer Mischung aus Beobachtung und Gefühl beschrieben wird. Haben Sie schonmal in der Öffentlichkeit um sich geschaut und gesehen was die allermeisten Menschen tun?

Sie schauen auf ihr Handy, stimmt's? Ist Ihnen aufgefallen wie konzentriert sie dabei sind? Wenn Sie in die Bahn steigen und da fünf Leute mit Handy sitzen, kann es gut sein, dass nicht einmal einer den Kopf hebt. Wäre dasselbe der Fall, wenn fünf Leute in einem Buch blättern? Nein! Warum?

Weil uns die Plattformen, die mit dem Handy am meisten genutzt werden (nämlich WhatsApp und Instagram; ab jetzt nur noch Insta) süchtig machen, denn sie sind:

1. praktisch: wenn jemand z.B. den Weg nicht weiß, kann man der Person den Standort schicken
2. bequem: keinerlei Kraftanstrengung oder Bewegung (außer des Fingers) ist für die Bedienung nötig
3. schnell: Nachrichten erreichen Empfänger sofort, weltweit!
4. einfach: Bedienung per Fingerdruck

5. mobil: auf Handys abgestimmt
6. kostenlos

Im weiteren Verlauf beschäftigen wir uns erst mal mit Insta. Dieser Dienst ist der bedenklichere, weil er nicht primär der Kommunikation zwischen Personen dient (Informationsaustausch), sondern dazu Bilder anderer anzuschauen, eigene hochzuladen und diese anderen (ggf. der gesamten virtuellen Öffentlichkeit) zugänglich zu machen (Emotionsaustausch). So, Leute, Geschenke kaufen! Wieder zurück!

Lassen wir zum Thema Insta erst ein paar meiner Bekannten zu Wort kommen:

Für meinen Bekannten Clement hat Insta etwas mit Adjektiven wie „selbstdarstellerisch", „narzisstisch" und „egozentrisch" zu tun. Um wirklich viele Leute zu erreichen, muss man fast 24/7 aktiv sein. Es sei möglich, aber ihm persönlich falle so etwas schwer. Dennoch ist er jeden Tag aktiv, denn das sei ja „der Punkt". Dieser Zwiespalt verwirrte mich ein wenig.

Interessant war die Meinung Tims, in dessen Augen Insta weder viel bringt, noch sonderlich viel nimmt, daher empfiehlt er, es zu lassen, wenn man nicht wirklich ausgesprochen Bock drauf hat. Shady betonte, dass soziale Medien darauf programmiert sind, süchtig zu machen, gab auch zu, dass er es an sich selbst merkt, weil er andauernd auf sein Handy schaut. Des Weiteren laden Soziale Medien dazu ein, sich mit anderen zu vergleichen und es sei nervig, dass viele „Stories" (so nennt man die Insta-Beiträge) gestellt und unecht wirken und viele Nutzer*innen so tun, als ob ihr Leben so geil sei „wie früher bei Facebook". Er erzählte auch von einer Doku, die er allerdings noch nicht gesehen hatte, jemand hatte ihm davon erzählt[1]. In der Doku wurde erwähnt, dass Soziale Medien wohl sogar die Menschen verändert haben. Indem den Nutzern*innen nur Inhalte gezeigt werden, die denen ähneln, die sie schon mögen, werden sie einseitig beliefert,

---

1 Quelle: Jeff Orlowski, The Social Dilemma [2020]

14

weswegen sie in ihren Ansichten bestärkt werden, wodurch Extremismus, auch politischer Extremismus, begünstigt wird. Hinzu käme noch, dass das Internet Gleichgesinnten dabei hilft, einander zu finden (diese These wird später nochmal aufgegriffen). Gruppenbildungen, vor allem schnelle Gruppenbildungen, können die Folge sein. Vom Rumhängen auf der App (Insta) rät Shady daher ab, zum „Connecten" (er meinte damit seriöses Verbinden mit beruflich relevanten Akteuren) sei sie aber gut, schließlich gäbe es sogar Musiker, die über Insta Gigs kriegen. Außerdem ist er der Meinung, dass es trotz der vielen Nachteile gut sei, sich auf Insta zu präsentieren, wenn man etwas zu zeigen hat.

Ulf empfindet es als Nachteil, „dass es einen so'n bisschen ficken kann", wenn „man enttäuscht ist, von dem, wie's läuft", es könne einen „einnehmen". Man bekäme es zwar zunehmend in den Griff, aber egal sei es einem nicht. Ein Vorteil wäre definitiv die höhere Reichweite, sowie dass man ein Netzwerk mit anderen Leuten, die Inhalte auf Insta erstellen, aufbauen kann. Das ist seine aktuelle Meinung, die er mir vor wenigen Tagen kundgab, jedoch hatten wir vor einem knappen Dreivierteljahr ein Telefonat, indem er starkes mentales Unwohlsein in Zusammenhang mit einer Doku über Insta erwähnte, deren Grundtenor war (sinngemäß): „Insta macht abhängig, weil es sich unser Bedürfnis nach Anerkennung zunutze macht." Interessanterweise ist mir schon mindestens viermal in diesem Kontext das Wort Dopamin zu Ohren gekommen. Das erste Mal ist schon länger her. Da war es in der Saarbrücker Zeitung. Es kann sogar sein, dass es nicht mal um Soziale Medien ging, sondern um SMS. Jede Nachricht würde irgendein Belohnungssystem aktivieren und daher bestünde eine Suchtgefahr. Kurzer Nachtrag noch: Heute werde ich ein paar Änderungen an meinem Instakanal vornehmen und den eines anderen angucken müssen, morgen werde ich Insta besser einschätzen können. Ich befürchte, es wird in Richtung Zerstreuung/Parallelwelt gehen. Es war leider gestern wieder sauhektisch und es lagen wichtige Sachen an, doch kann ich sagen, dass es eine interessante, jedoch enorm gefährliche Plattform ist. Interessant war, dass mir zum Beispiel jemand gefolgt ist, der das wohl nur getan hat, weil er gesehen hat, dass ich jemandem folge, dem er folgt. Anders kann ich es mir nicht erklären. Kurios an der Sache ist zudem, dass anhand der Bilder nicht sicher abzuleiten war, ob es eine Person oder eine Gruppe ist, zuerst dachte ich es sei ein Gitarrenmädchen, aber es waren recht viele Gesichter, sodass mein letzter Stand war, dass es eine Art Gitarristen-Gruppen-Seite ist. Ich finde es schade, dass auf Insta wirklich *nur* die Bilder alles erklären sollen, und wenn es doch einen Infotext gibt, dann ist er so kurz, dass fundamentale Unklarheiten, die ein ganzheitliches Verständnis verhindern, bestehen bleiben. Irgendwo fand ich dann den Terminus „guitar fam", also ist es wohl eine Gruppe. Aber wer ist der Betreiber/ die Betreiberin, wer der Chef/die Chefin? Man hat keinen Plan. Pluspunkt: Vernetzung; Minuspunkt: Unklarheiten. Gestern Abend war ich recht lange auf Sozialen Medien unterwegs und als ich fertig war, fühlte es sich an, als wäre nichts passiert (was ja auch der Fall war). Der Kopf fühlt sich hohl an, als ob nichts hängen geblieben wäre, genau was Ganser über Nachrichtensendungen[2] gesagt hat, nur dass hier die Verweildauer noch kürzer und die Informationsflut noch höher ist. Schon auf den ersten Blick sind mehrere Bilder in einer Reihe zu sehen (circa drei), wenn man ein Nutzerprofil anklickt. Scrollt man dann ein wenig nach unten, ist es schon wieder eine ganze Seite voller Reihen, vielleicht fünf Reihen à drei Bilder. Nur eine Bewegung des äußersten Gelenks des Zeigefingers und schon die nächste Seite und wie gesagt nur Bilder, nur Emotionen, keine Information. Also Minuspunkt: Insta führt zu einer Verflachung des Geistes (Nutzer werden „oberflächlich"), es sei denn ein*e Nutzer*in geht absolut zielbewusst vor und überlegt sich am besten vorher was er/sie will. Doch der Vernetzungsvorteil ist und bleibt ein entscheidendes Plus!

Die Gefahr ist – und das war auch gestern die Lektion –, dass Soziale Medien dazu einladen sich mehr mit den Taten

---

2 Quelle: https://www.youtube.com/watch?v=wkFKIf8Ksho [20.04.22]

anderer, als mit den eigenen zu beschäftigen. So können sie dazu führen, dass man das vielleicht Wichtigste aus den Augen verliert: handeln.

Mein Bekannter Heiko ist auf Insta, „weil niemand mehr auf FB ist" und er hat auf Insta auch schon „ein paar coole Dinge gefunden".

Das meiner Meinung nach beste Urteil gab Gregor ab. Er sagte, Insta sei zwar „der Shit für viele", jedoch leider auch ein Riesen-Dilemma. Er empfiehlt, niemandem zu folgen, sondern nur einen mit einem guten Video und Foto versehenen Account zu erstellen, in dem mit einem kurzen Text darauf hingewiesen wird, dass das Profil nur zum Verlinken und kontaktieren da ist mit einem kleinen Hinweis auf die Kontaktdaten. Er riet dazu höchstens wenn mal gute künstlerische Ergebnisse da sind mit einem kleinen Beitrag drauf aufmerksam zu machen und nur Menschen mit denen man befreundet ist zu folgen. Alles andere würde Zeit fressen.

Ja, es war schon recht beeindruckend, wie ähnlich sich unsere Meinungen waren. Ich hatte nämlich ohnehin vor, genau das zu tun.

Als ich dieses Kapitel zuletzt verfasste – vor dem Absturz – fiel mir auf, dass ich in diesem Jahr in mehr Situationen geraten bin, in denen es sinnvoller gewesen wäre, Insta als ein Auto zu haben. Stellen Sie sich das mal vor! Einmal waren Tim und ich an einem bildschönen Samstag-Spätnachmittag in Kreuzberg und machten auf der Straße Musik. Die Leute waren wahnsinnig begeistert und viele blieben für mehrere Lieder stehen. Es bildete sich eine richtige kleine Traube und natürlich nahmen zig Leute ihr Handy zum Filmen raus. Wir hatten da unser Bandshirt an, also wäre eine dutzendfache Verlinkung in ein und demselben Moment möglich gewesen! Im Verlauf unseres Aufenthaltes wurde ein Musiker namens Arnulf auf uns aufmerksam, der mit uns mitspielte und uns dann in einen Club um die Ecke einlud. Dort spielten wir noch ein wenig weiter und wurden von einer Dame, die uns sehr mochte, gefilmt, die natürlich fragte (so musste es ja kommen): „Habt ihr Insta?"

Die heftigste Insta-Aktion erlebte ich jedoch mit einem Freund in einem Irish Pub. Während wir Begebenheiten austauschten, gesellten sich drei Damen an unseren Tisch. Sie waren zweiundzwanzig, dreiundzwanzig und fünfundzwanzig. Zwei studierten International Management und eine irgendwas anderes. Sie fragten uns natürlich, was wir machten. Als wir sagten, dass wir Musiker waren und sie uns nach dem Stil fragten, nahm ich all meinen Mut zusammen und sagte „Fremdschäm-Jazz". Zu meiner maximalen Überraschung kam die Dame gut mit der Antwort klar. Sie zückte ihr Handy und fragte uns, ob wir auf Insta seien, womit sie fest zu rechnen schien. Mein Freund Leo verneinte, weil er sein Profil vor längerer Zeit gelöscht hatte. Als ich antwortete, dass ich nicht auf Insta sei und mein Zeug auf YouTube zu finden ist, schüttelte sie ihren Kopf, während sie ihr Handy wieder einpackte. Nein, YouTube würden sie gar nicht nutzen, nur Insta. Noch nie hatte ich das von jemandem gehört! Es haute mich um, dass jemand meiner Generation, der eine akademische Laufbahn eingeschlagen hatte, die am stärksten frequentierte, meistgenutzte, inhaltreichste und mit Abstand vielfältigste Bewegt-Bild-Seite der Welt *überhaupt nicht* nutzte. Mir fällt es selbst jetzt noch schwer, es zu glauben. Vielleicht guckt sie sich ja ganz selten was auf YouTube an und vielleicht ging es ihr in dem Moment um das „Folgen".

Übrigens, ausgerechnet der Freund von oben, der Insta zwar empfahl, aber ganz schmal (also der, dessen Meinung sich am besten mit meiner deckte), wollte mich vor einigen Monaten unbedingt auf Insta platzieren, als er mit einer Art Projekt, das verschiedene Künstler vorstellte, beschäftigt war. Er versuchte fleißig mich davon zu überzeugen, wie sinnvoll es sei. Mit meinem jetzigen Wissen würde ich es zulassen, damals lehnte ich es ab. Dann gab es zum Beispiel eine Fotografin, die auf einer Jam Session Fotos von uns geschossen hatte und uns hinterher nach unseren Namen fragte, um uns auf Insta zu verlinken. Wobei sie glaube ich auch was von FB sagte, nachdem ich meinte, dass ich nicht auf Insta sei. Zu einer FB-Verlinkung kam es allerdings nicht. Es gab noch mehr Situationen, allerdings fällt mir gerade keine berufliche mehr ein, nur eine private, nämlich die Tanz-kurs-Gruppe, die die Choreo der Stunde im Anschluss immer auf Insta postete.

Erwähnenswert ist die Tatsache, dass es bei Insta nur die Möglichkeit gibt, Beiträge zu loben, nicht aber zu tadeln. Zum Loben wird ein Beitrag einfach doppelt geklickt und schon kriegt er ein dickes rotes Herz. Insta erhöht damit die Bereitschaft der Nutzer*innen Beiträge zu veröffentlichen, senkt jedoch deren Qualität extrem, weil es den Anspruch der Nutzer*innen senkt, besonders gute Inhalte zu kreieren. Denn die Nutzer*innen wissen immer: „Egal, was ich poste, es gibt positive Bestätigung!" Zusätzlich verleitet es die Nutzer*innen noch zu schnellem Posten, denn weil sie sich nicht viel Zeit zum Erstellen eines guten Beitrags nehmen müssen, können sie schnell, zack, Blödsinn posten, schon hagelt es Herzen. Zwar gibt es noch die Funktion, Beiträge in einem Textfeld zu kommentieren, allerdings wird einem, wenn man mit der Maus über einen Beitrag fährt, nur die Anzahl der Herzen und Klicks angezeigt, man muss also einen Umweg gehen, um zum Text zu gelangen. Liebe Lesende, stellen Sie sich vor ein Kind würde für jede Tat (*jede!*), die es begeht, positive Rückmeldungen kriegen? Wie würde sich das auf die künftigen Taten des Kindes auswirken? Ganz klar: Die schlechten Taten würden weiterhin begangen werden, Erziehung, was ja nichts anderes ist, als die Selektion einzelner Verhaltensweisen, wäre in dem Sinne unmöglich. Daher ist Insta ein Portal, das dazu einlädt, sich nicht langfristig zu konzentrieren und anzustrengen.

Stellen Sie sich eine harte, unwirtliche Gegend vor, in der ein Braunbär lebt. Tausende von Jahren haben seine Spezies so geformt, dass er in dieser Umgebung überleben kann, wenn auch nur mit großer Anstrengung. Angenommen in seinem Revier steht eine Hütte, in der ein Mensch wohnt, der immer um dieselbe Zeit genau die Menge an Futter rausstellt, die der Braunbär sich so wünscht. Man muss kein Nobelpreisträger sein, um sich denken zu können, dass der Braunbär das Jagen sein lassen wird. Die Auswirkungen, die das auf seine Qualitäten haben wird, sind naheliegend: Er wird schwächer, seine Muskeln verkümmern, gewissermaßen wird er auch dümmer, weil er nicht mehr so viele neue Regionen zu Gesicht bekommt und seine Kreativität nicht mehr gefordert wird, da er nicht mehr in missliche Lagen gelangt. Sein neues Leben ist zwar einfacher, aber ungesünder, blasser und es ist gewissermaßen „ärmer". Übertragen auf Insta heißt das, dass es durch seinen Mechanismus, der auf sicherer Anerkennung basiert, eine gute Grundlage liefert, um eine Abhängigkeit zu erzeugen.

Jeder Mensch weiß, dass es im echten Leben auch mal Tadel gibt oder dass gestritten wird; Ungerechtigkeit, Konflikte, Enttäuschungen und Frust prägen unser Leben maßgeblich. Uiuiui, ja der Frust, achja, der Frust …

Bei Sozialen Medien ist es umgekehrt: Harmonie, Herzen und Humor prägen das Bild.

Wenn man Marketing-Papst Seth Godin Glauben schenken will, so leben wir heute in der besten Zeit für Kunstschaffende. Er behauptet das felsenfest; ich habe selbst die Videoaufzeichnung des Online-Interviews[3] gesehen, in der er das sagte. Zum einen helfe das Internet, einander ähnelnden Kunstschaffende aufeinander aufmerksam zu werden, weil es dafür sorgt, dass die eine verrückte Sache auf die andere verrückte Sache prallt. Zum anderen erwähnte er die Wut vieler Kunstschaffender angesichts der Tatsache, dass ihre Werke aufgrund von Streamingdiensten (fast) kostenlos konsumiert werden können, während sie selbst (so gut wie) leer ausgehen. Diesen Leuten empfiehlt Godin sich einen anderen Beruf zu suchen, denn es zahle sich wirklich nicht aus, wütend durch das Leben zu gehen. In dem Moment sagte er etwas, das einen wirklich intelligenten Gedankengang erfasste: „Vor dreißig Jahren hätte jeder Musiker noch getötet, um ins Radio zu kommen. Ja, dann raten Sie mal, was das Internet ist, es ist freies Radio!" Auch wenn Herr Godin sicher ein Mensch ist, der wie kein Zweiter weiß, wie hoch die Ablenkungsgefahr bei der Arbeit durch das Internet ist (er schrieb seit Anfang der

---

3 Quelle: https://www.youtube.com/watch?v=JXmcxuckvsA [21.04.22]

Neunziger jedes Jahr ein Buch, fast jedes preisgekrönt) und obwohl er sich an dieser Stelle nicht explizit zu Sozialen Medien geäußert hat, muss hier den Netzwerken definitiv ein Pluspunkt zugestanden werden, denn gerade hier „treffen" sich die Leute ja.

Mein zuletzt hochgeladenes Musikvideo, das das verrückteste war (zu Beginn des Videos furze ich ins Mikro), habe ich auch in ein paar FB-Musikergruppen gepostet. Eiskalt ist dann eine hingegangen und hat irgendwas von wegen: „Kriegst du noch Luft?" unter den Beitrag geschrieben, was ich, da ich ja normalerweise nur sonntags online bin, natürlich nicht sah. Doch anstatt, dass sie es fallen ließ, wurde es noch heftiger. Sie schrieb drei Tage später sowas wie: „Magst du bissl rumbläseln und ich träller was dazu?" Ihr Kommentar war in der Gruppe, sichtbar, für TAUSENDE!! Als dann wieder Sonntag war, konnte ich meinen Augen nicht trauen. Ich antwortete natürlich und es folgte ein witziges Hin und Her, in dem es darum ging, wann wir uns träfen. Die Worte Godins im Kopf, sagte ich euphorisch, dass ich Zeit habe und sie meinte, sie hätte am nächsten Tag Zeit. Für weitere Infos schickte ich ihr meine Emailadresse, dann teilte sie noch einen allgemeinen Post, der lautete: „Ich finde János richtig cool!" Fröhlich bedankte ich mich und ging offline. Doch wie es nun mal oft ist, kam keine Mail. Da ich derartiges schon öfter erlebt habe, haute es mich nicht um. Unglaublich, wie oft das passiert! Aber definitiv ein Erlebnis, das sich mit Godin deckt. Auch gestern hat mich wieder jemand auf Insta hinzugefügt, der mich weder direkt kennt noch einen Wohnort angegeben hat, an dem ich je gelebt habe. Beim Packen meines Koffers für die Weihnachtsferien habe ich mir seine Version von „Santa Claus in Town" angehört, die ich cool fand, weswegen ich ihn dann gefragt habe, woher wir uns kennen. Bin gespannt, woher wir uns kennen. Wir haben zwar einen gemeinsamen Freund, doch würde ich normalerweise keinen hinzufügen, den ich nicht schon in echt mal getroffen habe. Und so sind wohl die meisten drauf.

Selbst die wenigen, die wirklich konstruktiv unterwegs sein wollen, eben um ihre Inhalte bereitzustellen und Gleichgesinnte zu finden, werden mit Mist überschwemmt, weil er nun mal den Großteil der Inhalte ausmacht. Da kann man nur versuchen an der Stange zu bleiben und sich auf das eigentliche Vorhaben konzentrieren. Natürlich könnten Kreative auch gar nichts verbreiten und den Sozialen Medien den Rücken kehren, doch was wäre die Folge? Gar nicht mehr gesehen werden, nur weil der Ärger über den Mist so groß ist? Kreative, überlegt es euch gut!

Es bliebe noch das Ausweichen auf Portale wie LinkedIn oder Xing, die zwar gezielt als Berufsnetzwerke dienen, jedoch weiß ich nicht, ob sie sich auch für Entertainer*innen anbieten. Bleibt interessant.

Im Grunde sind die Sozialen Medien wahrscheinlich etwas Gutes, weil sie aus einer guten Absicht heraus geschaffen wurden, nur ist der Schuss mittlerweile nach hinten losgegangen. Sie sind mittlerweile weniger Treffpunkte zum Verbinden und Finden als ein Vergnügungsportal, das mit vielen banalen, unseriösen Inhalten verseucht ist. Darin liegt die Tragik. Als ob das nicht schon schlimm genug wäre, ist zumindest Facebook mittlerweile so ausgerichtet, dass der Nutzer so viel Zeit wie möglich auf der Plattform verbringen muss. Die Handhabung ist im Vergleich zu früher *so* sperrig! Kein Wunder, dass – und das ist auf jeden Fall ein *dickes* Minus – alle paar Jahre eine neue Plattform die meistgenutzte wird!

Vor kurzem erschien ein Buch von einer deutschen Autorin mit dem Titel *Wie Instagram unser Leben zerstört*[4] *(Nena Schink, 2019)*. Als ich davon erfuhr – es war kurz bevor ich mich bei Insta anmeldete – war die Versuchung natürlich groß, mir das Buch anzuschaffen. Leider lagen gerade andere Bücher auf dem Stapel, weswegen ich es mir nicht zulegte. Es war übrigens ein Bestseller, der für viel Wirbel sorgte, auch wenn ich davon erst Monate später auf Wikipedia las und zum Veröffentlichkeitsdatum nichts davon mitbekam. Allerdings wette ich, dass sich die Anschaffung lohnen würde.

---

4 Quelle: Nena Schink, Wie Instagram unser Leben zerstört [2019]

Zum Glück haben wir die Meinungen verschiedener Bekannter gehört. Schön auch, dass ein klarer Pluspunkt (der, dass das Internet den Kreativen helfe, ähnliche Kreative zu finden) Erwähnung gefunden hat, denn mein Grundtenor war ja recht negativ. Im Anschluss folgt eine subjektive Auflistung von Pro- und Kontrapunkten mit einem Fazit, in dem ich eine Empfehlung gebe, wie am besten mit Sozialen Medien verfahren werden sollte. Diese Empfehlung müssen Sie nicht umsetzen, sie muss auch nicht die beste für Sie sein, aber *mir* hat sie weitergeholfen.

Folgende Empfehlungen helfen dabei, konzentriert zu bleiben:

1. Gehen Sie (WhatsApp) **nur 1-mal** am Tag online, bei Sozialen Medien nur 1-mal pro Woche.
2. Installieren Sie Soziale Medien (außer WhatsApp) nicht auf Ihrem Handy, erledigen Sie alles am Laptop.
3. Posten Sie nur Sachen, die entweder auf beruflicher (Kreativinhalte bereitstellen/Stellenausschreibungen) oder praktischer Ebene (Wer nimmt mich mit von A nach B?) maßgeblich für Sie sind.
4. Beschäftigen Sie sich nur mit dem Wesentlichen. Schauen Sie sich nichts an, von dem Sie wissen, dass es nur Quatsch ist! Was man vom echten Leben sagt: „Mit offenen Augen durchs Leben gehen", gilt hier nicht. Hier müsste man sagen: „Setzen Sie die Scheuklappen auf!", „Tunnelblick!" etc.
5. Entwickeln Sie eine Strategie für die „Sofortzurückschreiber", die immer online sind und Sie dadurch dazu verleiten können, auch länger online zu bleiben. Wenn Sie zum Beispiel online gehen und 5 Nachrichten haben, und 1 kommt von dem Sofortzurückschreiber, beantworten Sie seine Nachricht als letztes und gehen Sie dannsofort offline.
6. Schalten Sie das Internet am Handy bis auf einmal am Tag aus (siehe 1)

7. Haben Sie oft das Gefühl zu wenig Zeit zu haben? Haben Sie schonmal zwei Wochen minutiös notiert, was Sie wann gemacht haben? Sie werden erstaunt sein, wie viel Sie in den Medien unterwegs sind! Ziehen Sie in Erwägung ihre Accounts zu löschen!
8. Setzen Sie sich ein Limit und HALTEN SIE ES EIN!

PRO

- schnelle Vernetzungsmöglichkeit
- sowohl lokale, als auch überregioale Vernetzungsmöglichkeit
- kostenlos
- Möglichkeit sich schnell ein recht persönliches Bild von potenziellen Mitstreiter*innen zu machen
- Möglichkeit sich anderen recht persönlich und umfassend zu präsentieren
- gute Hilfe in praktischen Situationen, („Wer hat eine Bohrmaschine?")
- Schneeballeffekt (andere können Beiträge „reposten", wodurch ein anderer Personenkreis den Beitrag sieht, in dem wieder Reposts möglich sind)
- Werbemöglichkeit

CONTRA

- sehr viele schwachsinnige Inhalte
- extreme Ablenkungsgefahr
- Suchtgefahr
- Portale sind darauf ausgelegt, dass Nutzer möglichst lange online sind
- wichtigere Sachen können schnell in Mitleidenschaft gezogen werden
- Realitätsverlust
- Zeitfresser
- extreme Beitragsmasse (man „geht schnell unter")
- Kontakte werden schnell zur Komfortzone, wichtiger ist *reales* Kennenlernen, großer Insta-Nachteil: Inhalte sind nur über das Handy verbreitbar (über PC sind Inhalte nur konsumierbar)

INTERNET

Bill Gates sagte mal, dass er die heutige Generation beneide, weil sie nicht mehr, wie er in die Bibliothek gehen muss, um an Wissen zu gelangen. Wenn er oder sein Sohn etwas wissen wollen, schlagen Sie es schnell im Internet nach und Zack haben sie die Antwort[5]. Zugegeben, das ist schon saupraktisch.

Sind Sie schon mal im Winter abends durch ihren Ort spaziert? Wenn Sie in die Fenster der Leute schauen, können Sie sehen, dass ein Großteil der Leute fernschaut. Das hat zwar nichts mit dem Internet zu tun, aber dennoch kommt es mir oft so vor, als würden wir uns immer mehr zu einer Gesellschaft entwickeln, in der sowohl der angestrebte als auch der Normalzustand der folgende sind: In einer Wohnung vor einem Bildschirm sitzen und sich an sozialem Umgang nur das suchen, was man will, sich sozusagen

---

5 Quelle:http://www.quoteswise.com/bill-gates-quotes-15.html[21.04.22]

die Rosinen rauspicken. Mein Bruder ist ja der Meinung, dass das Fernsehen mehr verändert hat als das Internet. Obwohl wir zu spät geboren sind, als dass wir es wirklich beurteilen können, denke ich leider, dass er recht hat. Allerdings ist hier der Unterschied, dass das Fernsehen vor allem die negativen Anlagen fördert (ich wüsste nicht, welche positiven Anlagen das Fernsehen fördert), während das Internet vermutlich alle Anlagen fördert. Im Grunde ist das Internet viel zu vielfältig, als dass man ein pauschales Urteil abgeben könnte. In jedem Fall ist es in alle Bereiche des Lebens eingedrungen, bietet zwar eine enorme Menge an Vergnügungsportalen, welche zwar wahrscheinlich auch den Großteil der Aufrufe abdecken, andererseits aber auch sehr viele praktische und nützliche Möglichkeiten, die so wichtig sind, dass das Netz aus unserem Leben nicht mehr wegzudenken ist. Für die breite Masse wichtig sind Kommunikation (Kurznachrichtendienste, Emails), Unterhaltung (Video- und Audiostreaming-Dienste), Informationsbeschaffung (Wikipedia und Google) und leider auch die oben erwähnten Sozialen Medien. Ein Großteil der Internetnutzung dient vermutlich der Zerstreuung.

FAZIT

Zusammenfassend würde ich sagen: Kreativberufler, die in der Lage sind, mäßig und konzentriert im Umgang mit Medien zu bleiben sowie wirklich an fachlichem Vernetzen interessiert sind, sollten sich in den Sozialen Medien präsentieren. Alle, die weder beruflichen noch praktischen Nutzen aus den Netzwerken ziehen, sollten sich dann abmelden, wenn sie zu wenig Zeit haben, zu viel Zeit auf den Plattformen verbringen, wichtige Sachen schleifen lassen und erst recht, wenn Sie spüren, dass sie süchtig sind.

Soziale Medien sind ein nützliches, aber zweischneidiges Schwert, ein guter Leitspruch ist: „real vor virtuell", das heißt lieber Leute treffen als Leute in den Sozialen Medien suchen. Leuten, die ihre besten Inhalte veröffentlichen wollen, aber Hemmungen haben, sei ein Zitat von Kant mitgegeben: „Kein Mensch ist so wichtig, wie er sich nimmt."[6] Posten Sie also getrost. Stellen Sie sich folgende Frage: „Ist es besser, nicht zu posten und nicht kritisiert, dafür aber auch nicht wahrgenommen zu werden oder zu posten und von wenigen kritisiert, dafür aber wahrgenommen zu werden?" Mögen Sie den bestmöglichen Umgang mit den Sozialen Medien finden!

---

6 Quelle: https://www.aphorismen.de/zitat/5377 [21.04.22]

4.
Tod

Gerade überflog ich die Kapitelüberschriften, um zu entscheiden zu welchem Thema mir etwas einfällt. Kurz nachdem ich mich für den Tod entschieden hatte – ich wollte gerade eine Stichwortsammlung hierzu abtippen – fiel mir ein, dass doch recht oft behauptet wird, dass der Sinn des Lebens eine sehr große Rolle spiele. Er bildet sogar, soweit ich weiß die, oder zumindest eine der großen, Kernfragen der Philosophie. DASS ICH NICHT LACHE! Gerade als mir der Sinn des Lebens in den Kopf kam, dachte ich mir: „*Was ist der Sinn des Todes?*" Wieso gibt es den Tod? Gibt es einen Grund für seine völlige Unberechenbarkeit und (wie) können wir davon profitieren? Wäre es besser für uns, wenn wir wüssten, wann wir wie sterben? Geht das überhaupt oder beeinflussen wir durch unseren Lebensstil den Zeitpunkt viel zu sehr, als dass wir vorher wissen könnten, wann wir sterben? Werden unsere Kindeskinder den Tod ausrotten? Oder kriegen sie es lediglich hin das Leben zu verlängern? Ersteres!

Wir werden unsterblich werden! Ich hörte mal zwei Männer über dieses Thema sprechen. Es war die Rede davon, dass es früher oder später der Wissenschaft möglich werden würde, die Zellteilungen derart zu verlangsamen, dass zweihundert Jahre Lebenszeit als durchschnittliches Sterbealter an der Tagesordnung stehen. Darüber hinaus werden besonders anfällige Teile unserer Konstruktion durch stabile Implantate ersetzt, zunächst Organe und Glieder, schließlich – allerdings wird das am längsten dauern – sogar das Gehirn. Dazu müsste es jedoch zuerst in seiner GANZEN Komplexität VOLLSTÄNDIG erfasst werden. Mit Sicherheit ein gutes Stück Arbeit bis es schließlich so weit ist, dass lediglich unser Bewusstsein unsere Existenz ausmacht und alle anderen Bestandteile der Menschen aus Roboterteilen bestehen. Notiz: Jener Mann, der diese These seinem Gegenüber unterbreitete, formulierte es in etwa so: „…dann haben wir quasi keine Körper mehr, weil unsere komplette Biomasse überflüssig wird. Es wird nur noch das Bewusstsein konserviert." Dem folgte der amüsante Nachsatz: „Und das sagen nicht irgendwelche Spinner, sondern führende Forscher, die internationale Anerkennung genießen in ihrem jeweiligen Fachgebiet." Hammer, oder? Da sitzen zwei Männer etwa Ende vierzig, Anfang fünfzig im Bus, Leute drum rum, gutes Wetter und plötzlich reden sie über die Unsterblichkeit (auch wenn, soweit ich weiß, das Wort „Unsterblichkeit" gar nicht in der Unterhaltung fiel).

Kann der Tod als Krankheit betrachtet werden? Nein, denn der Tod kann auch die Folge eines Unfalls sein. Den Tod als Ende des Lebens zu bezeichnen ist jedoch genauso ungenau. Schließlich ist der Tod nur das Ende des Lebenden (und damit für sein Bewusstsein) und das Ende dieses Menschen für dessen Umfeld, organisch jedoch werden seine Überreste zerkleinert und in den Kreislauf der Natur (also den Lebenskreislauf) gebracht. Auf spiritueller Ebene? Ob ich mich vor dem Tod fürchte? Ja, durchaus. Ich denke sehr oft an den Tod (ein Zeichen von zu viel Zeit?). Die Furcht besteht aus drei Sub-Fürchten (merkwürdig: von Furcht gibt es keine Mehrzahl, nur von Angst):

1. Die Angst vorm Sterbeprozess
2. Die Angst vor der Ungewissheit des Zeitpunkts
3. Die Angst nichts hinterlassen zu haben (zu früh zu sterben bzw. zu langsam gearbeitet zu haben)

Wäre es für die Menschen besser Ihren Todeszeitpunkt zu kennen?

Das hängt von individuellen Zielen ab: Wer eine größere Sache vorhat, könnte wohl davon profitieren und mit der Verwirklichung seiner Pläne zeitiger beginnen, als jemand, der nicht weiß wann er stirbt, schließlich wüsste er dann genau wie knapp die Zeit, die ihm noch bleibt, ist. Insofern vor allem interessant für junge, ehrgeizige Menschen, die früh sterben werden. Der dreiundachtzig Jahre alte Nachbar Hugo von oben meinte, man würde durchdrehen, wenn man seinen Todeszeitpunkt wissen würde. Ich denke, das würde erst relativ kurz vorm Ableben passieren, in den Jahren und Jahrzehnten davor würde uns ein tiefer Friede erfüllen. Unsere Lebensführung wäre sicherer und bestimmter, geradliniger und zielstrebiger, denn durch die Kenntnis der Zeitspanne könnten wir einerseits besseren Gewissens „Nein" sagen und uns andererseits besser auf das, was uns am wichtigsten ist, konzentrieren. Durch die Unkenntnis der Zeitspanne (das ist der Realzustand) müssten wir streng genommen jederzeit mit dem Tod rechnen, was in Konsequenz bedeutet stets das wichtigste zuerst zu tun. Mut hilft, kann man da nur sagen.

Um auf die Kenntnis der Lebensspanne zurückzukommen: Da war irgendwo ein Artikel über einen Arzt, der die These vertrat, dass die Krebsforschung sinnlos sei. Man solle sie einstellen. Wer Krebs habe, habe einfach Pech. Des Weiteren sei er sogar im Vergleich zu anderen Todesursachen ein gewisses Glück, denn man habe noch genug Zeit wichtige Angelegenheiten zu regeln, kann sich von den Menschen, die einem wichtig sind, verabschieden und der Alkohol und die Medikamente machen die Schmerzen erträglich. Insofern sei die Krankheit dem plötzlichen, also z.B. dem Unfalltod vorzuziehen. Meiner Meinung nach recht hart argumentiert. Hinzu kommt, dass der Thesensteller „vom Fach" ist. Ärzte/Ärztinnen sehen andauernd Leute sterben. Übrigens ist der Arztberuf der Beruf mit der höchsten Selbstmordquote[7]. Warum ausgerechnet dieser Beruf? Dazu machen wir ein Experiment: Zuerst rate ich, was die Gründe sein könnten, danach recherchiere ich sie. Bin mal gespannt was rauskommt.

Also, ein Grund könnte auf jeden Fall die Tatsache sein, dass Ärzte*innen häufiger und „näher" mit dem Tod und dem Elend konfrontiert sind als die Durchschnittsbevölkerung. Sowas kann einen bestimmt ganz schön runterziehen. Ein weiterer Grund könnte in der Ohnmacht liegen, die Ärzte*innen spüren, wenn

---

7 Quelle:https://de.wikipedia.org/wiki/Suizid#Berufsgruppen,_soziale_ Gruppen; [21.04.22]

sie trotz maximalem Einsatz keine Linderung bewirken können, oder sogar den Patienten/Patientinnen an das Jenseits verlieren. Daraus resultierende Selbstvorwürfe können zu einem großen Unbehagen beitragen. Der einzige Grund, der mir noch einfällt, aber das kommt mir sehr wackelig vor, ist, dass Ärzte*innen oft in die unschöne Situation geraten, Angehörigen den Tod der Patienten*innen verkünden zu müssen. In der griechischen Mythologie bekam der Überbringer schlechter Nachrichten immer eine auf den Deckel.

Ähnlich ging es einem Bekannten. Es war beruflich seine Aufgabe Leute von der Beendigung ihres Arbeitsverhältnisses zu informieren, also nicht zu kündigen, sondern nur die Kündigung mitzuteilen. Diese waren immer sehr geknickt, was ihn langfristig derart traurig machte, dass er depressiv und arbeitsunfähig wurde und in eine recht üppige Frührente ging. Naja, was sagt man dazu? Im Laufe des heutigen Tages ist mir ein weiteres Suizidmotiv eingefallen: Ärzte wissen durch den Umgang mit den Leidenden sehr genau um die Qualen einer Krankheit und wollen sicherstellen, keinem solchen Sterbeprozess ausgeliefert zu sein.

Unter den zehn häufigsten Todesursachen in Deutschland ist eine tatsächlich Operationsfehler. Da muss schon einiges an Fehlern zusammenkommen, wenn sie es unter die Top Ten schaffen: schätze mal, auf jeden Arzt bestimmt im Schnitt drei Todesfälle.

So, das waren jetzt meine Gründe, nun schauen wir mal nach den offiziellen, bin gespannt, ob es Übereinstimmungen gibt. Ich wette, ich stoße noch auf andere interessante Berufsgruppen. Also die tatsächlichen Gründe sind: 1. leichterer Zugang zu todbringenden Substanzen 2. bessere „Expertise" beim Suizid (dadurch, dass sie genau wissen, wie man sich umbringt, gelingt es ihnen auch) und – kaum zu glauben – 3. der ständige Kontakt mit dem Elend. Geil, einen Grund habe ich erraten! Kürzlich stieß ich in einem Buch auf die Behauptung einer Dame,[8] die sagte,

---

8 Quelle: Maxie Wander, Guten Morgen, du Schöne! [1979]

dass, jemand mit einigermaßen Fantasie, ständig mit dem eigenen Tod konfrontiert sei. Das war sehr bestätigend. Damit konnte ich mich identifizieren. WIR WISSEN NICHT, WANN ES AUS IST! Keine Chance! Gestern stieß ich auf einen genialen Spruch: „Das Schicksal mischt die Karten und wir spielen." Keine andere Aussage fasst das Verhältnis von Fremd- und Selbstbestimmung besser zusammen, dazu kommt noch dieses Bild vom Kartenspiel, wodurch es dermaßen einleuchtend ist, dass es an Torheit zu grenzen scheint, das Zitat anzuzweifeln. Etwas weniger anschaulich formulierte es Seneca: „Wir können nicht aussuchen, was uns geschieht, aber wie wir darauf reagieren." Und wissen Sie, von wem der Kartenspiel-Spruch war? Von Schopenhauer!

5.
Arbeit und Finanzen

Werde müde, Zeit rauszugehen (Bewegung und einkaufen).
Grundsätzlich gibt es zwei Formen der Arbeit, die Brotarbeit und
die Selbstverwirklichung. Wie Sie inzwischen wissen, lese ich
ja gerne Zitate zu Themen, die mich interessieren. Zum Thema
Arbeit gab es eine Fülle an Meinungen. Ich las zum Beispiel einen Artikel, in dem der Autor behauptete, die Leute hätten bis
vor kurzer Zeit permanent gearbeitet und die Fünf-Tage bzw.
Vierzig-Stunden-Woche sei eine Errungenschaft der Kommu-
nisten. Er empfahl nach dem Erfinder der Vierzig-Stunden-Woche zu googeln und behauptete er würde sich auf „schmomunist"
reimen[9]. Hahaha, was für ein Scherzkeks! Ich sollte erwähnen,
dass der Autor Amerikaner war. Wie dem auch sei, ich habe es
tatsächlich gegoogelt und da war nichts von Kommunismus zu
finden. Vielleicht hatte er auch Sozialisten gemeint. So lächer-
lich das ganze auch ist, sollte dem Autor eine gewisse Seriosität
zugestanden werden: er, also der Autor des Artikels, las zu dem
Zeitpunkt gerade ein Buch über das Leben Billy Grahams, in dem
dieser schilderte er sei um halb drei aufgestanden, habe gebetet,
das Vieh gefüttert, sei in die Schule, dann zurück, habe Hausaufgaben gemacht, Vieh gefüttert, im Haushalt geholfen, gebetet,
wonach er um halb elf ins Bett ging, um dann vier (!) Stunden
Schlaf zu bekommen. Man muss bedenken, dass das nicht im
Mittelalter war, sondern vor noch nicht einmal hundert Jahren.
Ärgerlicherweise finde ich diesen Artikel nicht mehr, ich glaube, er wurde auf succes.com publiziert. Ich konnte ihn allerdings
gerade nicht finden. Alles Gute bei der Suche!

---

9 Quelle: unbekannt

Jedenfalls war die Kernessenz, man solle rund um die Uhr arbeiten. Die Fünftagewoche, aus der ja viele am liebsten eine Viertagewoche machen würden, wird als ein einziges Verwöhnprogramm dargestellt. Texte wie jener haben mein Bild von Arbeit verändert. Hatte ich vorher immer versucht, möglichst früh fertig zu werden, um möglichst lange zum Beispiel Serien schauen zu können, fing ich nun an, nach getaner Arbeit noch mehr zu arbeiten, Sport zu treiben und zu lesen. Die Folge war, dass es mir leichter fiel früh aufzustehen, weil es mir abends leichter fiel, früh einzuschlafen. Ein Gefühl der Frische machte sich in meinem Leib – vor allem unmittelbar nach der Ertüchtigung – breit. Gefühle der Niedergeschlagenheit wurden deutlich seltener, ja, sie verschwanden fast ganz. Die Lektüre bereicherte mein geistiges Leben derart, dass der Wunsch in mir aufkeimte, selbst zu schreiben. Des Weiteren stimulierte sie meine Fantasie, die zwar sowieso schon sehr angeregt war, jedoch führte diese Horizonterweiterung zu einer spürbaren Motivationssteigerung auf allen Ebenen. Mittlerweile würde ich sogar oft gerne noch länger lesen, aber leider schlafe ich oft schon nach wenigen Seiten oder gar Zeilen ein, in vielen Fällen sogar bei brennendem Licht, weil ich einfach während der Lektüre einschlafe. Manchmal wache ich nachts auf und mache es aus oder es bleibt bis zum Klingeln des Weckers an. Warum Lesen so einschlaffördernd ist, weiß ich nicht. Als ich noch Serien/Filme guckte, war das Gegenteil der Fall. Ich versuchte immer so lange wie möglich zu schauen. Nach jeder Folge kalkulierte ich ob noch eine Folge drin sei, wobei ich mich belog in dem ich mir immer sagte: „Ja, noch eine." Ich redete mir ein, ich würde es schon schaffen, am nächsten Tag zur vorgenommenen Uhrzeit aufzustehen, woran ich aber oft scheiterte. An den Abenden, an denen ich mir eine Uhrzeit zum Einschlafen gesetzt hatte, überschritt ich diese oft, in dem ich mindestens bis zum Ende der laufenden Folge guckte, woraus dann meist eine ganze zusätzliche Folge wurde. Mit der Gier ist es so eine Sache. Kaum erlaubst du dir eine kleine Übertretung, gestattest du dir weitere, bis es schließlich zur totalen Eskalation kommen kann. (Seneca: „Komme dem Verlangenden mit noch so reichlichen Mitteln entgegen, seine Begierde kennt keine Grenze sondern nur Steigerung."[10]Soeben sprach ich an, dass ich in Serienzeiten oft zu spät aufwachte. Nun, ich will Ihnen was sagen, werte Lesende, zurzeit befinde ich mich in einer Art von Ferien, trotzdem stehe ich seit über einer Woche um 04:40 Uhr auf und war vor dreiundzwanzig Uhr, oft sogar noch viel früher im Bett. Freiwillig!

Und jetzt nochmal die Frage: Was ist wohl der Disziplin zuträglicher, glotzen oder lesen?

Somit würde meine Betätigung wohl unter „Selbstverwirklichung" fallen. Benötigen Sie ein eindeutiges Kriterium, um zu prüfen, ob das, was Sie machen, Selbstverwirklichung ist? Fragen Sie sich, ob Sie das, was Sie (beruflich) tun auch machen würden, wenn es weder jemand von Ihnen verlangen würde noch Sie dafür bezahlen würde. Wenn BEIDES der Fall ist, ist es Selbstverwirklichung.

Bei den meisten Menschen fallen leider nur Hobbies in diese Rubrik. Ihr Beruf ist nur ein notwendiges Übel. Der schlimmste Fall: Jemand hat einen Beruf, der ihm keinen Spaß macht und wenn er heimkommt, knallt er sich nur noch auf das Sofa, schaut fern und speist. Hobbies hat er keine, außer, wenn es hochkommt, saufen am Wochenende. Und da knallen Leute mit Scheißjob oft richtig rein. Ich weiß es, weil ich mal sechs Wochen in einer Fließbandfabrik Vollzeit Schichtdienst durchgezogen habe. Ihre Freizeitenergie reicht gerade noch aus, um sich über die Politiker*innen zu beschweren bzw. ihren Chef, wenn sie ihren Kollegen über den Weg laufen. Die Jobs jener „Leute mit Scheißjob" sind meist im Fertigungsbereich, der Verpackungsindustrie, dem Transport oder der Qualitätssicherung angesiedelt, jene Jobs, die zunehmend von Robotern etc. übernommen werden (lesen Sie gerne den Wiki-Artikel über Künstliche Intelligenz; es wird in 20 Jahren interessant, wenn überall Roboter sind!). Wenn es

---

10 Quelle: Seneca, Trostschrift an Helvia (De Consolatione ad Helviam matrem). 11. Kapitel;41 n. Chr. Übersetzt von Otto Apelt [1923]

hochkommt, wird ihre Kompetenzbefugnis bei guter Führung circa ein-zweimal pro Jahr so erweitert, dass sie lernen, sich um zwei zusätzliche Schrauben zu kümmern. Diesmal nicht nur reinschrauben, wie in den letzten fünf Jahren, sondern überraschenderweise auch rausziehen. Der böse Chef sollte zwei Schrauben gleicher Größe für seine Mitarbeiter*innen wählen, denn bei zwei verschiedenen könnten die Mitarbeiter leicht den Überblick verlieren. Sie lesen nicht und bilden sich nicht weiter. Nichts läge ihnen ferner als einen Kurs zu besuchen, gleich welcher Art. Genau wie es Arnie in einer seiner Reden beschrieb: Die Leute gehen in die Schule, machen eine Ausbildung/Studium und dann, sobald sie im Beruf stehen, bleiben sie geistig stehen. Wie schade, findet er! Sein Gegentipp: Jeden Tag lesen![11] Auch er bedauerte es, wenn ein Beruf zum „chore", also frei übersetzt zur „lästigen Pflicht", wird. Oft genug passiert es, dass jemand nur einem Job nachgeht, weil es mal eine Ausschreibung gab und er diese annahm, denn „irgendeinen Job muss man ja machen". (So, ich bin zwar schon dreizehn Minuten über die Zeit, aber ich schaue jetzt trotzdem mal noch was nach. Mist, wollte rausfinden wie viele Menschen ihren Job hassen, lief nicht so recht.) Über die Vorgänge in der Welt scheinen sie (die Leute mit dem Scheißjob) gut informiert zu sein. Im Gespräch fällt gelegentlich die Formulierung: „Das haben sie gezeigt!" Also der Fernseher mal wieder. Es erinnert mich an die Schulzeit. Wie oft kam es da vor, dass da alle über irgendeinen Käse geredet haben, der am Vortag im Fernsehen lief? Vielen Dank, liebe Eltern, dass wir nicht so eine Mistkiste rumstehen hatten! Unerträglich! Schier unerträglich! Es stimmt, unser Kopf beschäftigt sich mit dem, was er vorgesetzt kriegt. Warum ihm dann irgendeinen Mist auftischen, wenn wir doch so viel klüger durch Lektüre werden können?

Dass Leute nicht lesen, kann man auch daran merken, dass sie oft dasselbe erzählen. Ihr Kopf beschäftigt sich nicht mehr mit neuen Dingen. Das habe ich übrigens selbst mal gelesen, haha! Die

---

11 Quelle:https://www.youtube.com/watch?v=NgRuULUql0E;[21.04.22]

erste wirklich gute schriftliche Kritik am TV, die mir zu Ohren bzw. Augen gekommen ist, stammt von dem Pianisten Kenny Werner. Warum ist sie hervorzuheben? Weil sie keine Studien oder Statistiken oder pauschalisierte Verteufelungen des Verhaltens anderer enthält, sondern Kenny am *eigenen* Beispiel deutlich macht, wie schlecht das TV *für ihn* war. Dabei erwähnt er schonungslos seinen maßlosen Fernseh-Konsum in seiner Kindheit und geht sogar so weit, zu behaupten: „TV is a drug!" Nichts, so Kenny, habe so sehr zum Sittenverfall unserer Gesellschaft beigetragen wie die Glotze[12]. Bei Menschen des oben beschriebenen Typs ist allgemein zu beobachten, dass sie nur aktiv werden, wenn es von ihnen gefordert wird. Sie fordern sich nicht selbst. Immerhin könnte man ihnen zugute halten, dass sie bisweilen auf diese Art zugegebenermaßen recht hohe Leistungen vollbracht haben. Die Kellner*innen, Reinigungskräfte etc. auf den beiden Schiffen, auf denen ich bisher dreimal war, wuselten den ganzen Tag rum und erledigten etwas. Und das Montag–Sonntag, sieben Tage die Woche! Mindestens drei Monate lang. Die Asiaten*innen sogar bis zu neun Monate am Stück! Und ihre Arbeit war sicherlich kein Zuckerschlecken (Reinigung ist ja immer dasselbe). Es gab so gut wie keine Dicken. Teilweise aßen sie wirklich kurz. Eine schlanke Servicefrau mit großen Brüsten hinkte irgendwann. Im Aufzug fragte ich sie, was abgeht. Sie meinte, es komme von der dauernden Wuselei, was ich ihr natürlich abkaufte. Denken Sie, sie bekam frei? Nein, es wurde weitergeackert, so sieht es aus! Sie haben schonmal Auszeiten gehabt, aber meist nur mal einen Nachmittag oder Vormittag, oder nur wenige Stunden. Einmal erfuhr ich, dass sie manchmal untereinander den Dienst tauschten, damit einer länger an Land konnte und so weiter. Aber komplett freie Tage, das gab es tatsächlich nicht.Sobald sie aber mit ihrer Arbeit fertig waren, ging es ab in die Crew Bar, wo sie tranken, und zwar nicht wenig. Ein großer Teil der Crew rauchte. Der Anteil war viel höher als in der Normalbevölkerung. Ich habe

---

12 Quelle: Kenny Werner, Effortless Mastery, Seite 16 [1996]

nur selten jemanden aus der Crew lesen sehen. Zweimal. Ich bezweifele sehr, dass es Sachbücher waren. Vielleicht ist das einfach das Problem an Drecksarbeit. Es ist schwer einen Ausgleich durch etwas anderes als Ekstase zu finden.

Um auf das Fernsehen zurückzukommen: Wir sind ja ohne Fernseher aufgewachsen. Mein Vater lernte mit einer Bekannten bei einem Lehrer Russisch. Ganz früher gab er sogar noch Klavierunterricht. Er lernte auch noch andere Sprachen und fuhr mit einem Verein nach Weißrussland, von wo wir auch mal ein Kind aufnahmen. Meine Mutter nahm an mehreren Heilkunde-Seminaren und Computerkursen teil, bestand Prüfungen, hatte ein eigenes Geschäft und das alles trotz ihrer zwei Kinder. Zusammen gingen sie auch in einen Tanz-Kurs und eine Zeit lang joggten sie auch. Mit meinem Vater sammelten wir im Herbst Pilze und er lernte Trompete, noch bevor ich anfing. Wir gingen zweimal pro Woche – Mittwoch und Sonntag – in die Kirche. Dort leitete mein Vater den Chor. Nach dem Sonntagsgottesdienst gab es eine kurze Probe. Meine Mutter machte auch mal einen Nähkurs und einen Kochkurs. Sie veranstaltete mindestens einmal einen Tupperabend. Im Herbst haben wir mindestens einmal Kartoffeln geerntet. Wir empfingen manchmal Besuch und besuchten auch öfter andere. Hin und wieder telefonierte mein Vater mit den Leuten vom Verein in Weißrussland, was etwas ganz Besonderes war. Er hatte mehrere Bienenvölker, deren Honig dreimal pro Jahr „geschleudert" wurde. Wir hatten immer Honig und er verkaufte auch oft welchen. Die Wohnung speziell die Fensterbänke wurden der Jahreszeit entsprechend dekoriert. Fast jeden Tag gingen meine Eltern schwimmen. Wir gingen oft in die Bücherei. Sie lag um die Ecke einer katholischen Kirche und war recht gemütlich. Bereits mit zwölf las ich Erich Fromm, überhaupt lasen wir viel. Wir spielten Gesellschaftsspiele und hörten samstags den SR-2-Gesellschaftsabend im Radio. Zu dieser Zeit stand der einzige Computer im Keller unter der Treppe und das Internet war unglaublich langsam. Vielleicht einmal pro Woche spielten wir für eine Stunde Computer, meist Age of Empires 2. Sie müssen sich vorstellen, es gab keine Quelle für bewegte Bilder. Wir waren es daher gewohnt zu lesen. Unsere Eltern spielten uns sogar Kasperle-Theater vor. Wie Sie sehen können, waren meine Eltern ziemlich aktiv.

Ich weiß noch genau, als meine Mutter anfing DVDs auszuleihen. Jetzt schauten wir mittlerweile hin und wieder einen Film. So ein Mist. Wir schauten einmal (oder öfter) sogar zwei hintereinander. Zu der Zeit besuchten wir definitiv schon eine weiterführende Schule. Das muss wohl kurz, nachdem wir einen Laptop mit CD-Laufwerk bekommen haben, gewesen sein (sonst wäre es ja gar nicht gegangen). Heute steht da ein großer Mac, vielleicht hatten wir auch direkt den. Nein, ich denke wir hatten zuerst Laptops, jene alten, die wir jetzt immer noch haben. Wie Sie sich denken können, stand der dann natürlich NICHT im Keller unter der Treppe. Nein, schön zentral mitten auf einem Tisch dem Sofa gegenüber, als ob es ein Gegenstand hoher Bedeutung wäre (war er dann wohl auch).

Um die Zeit hatten wir dann auch flüssiges WLAN im ganzen Haus, wobei ich nicht mehr genau weiß, was zuerst kam, die Laptops oder das WLAN. Plötzlich wurden Dinge auf YouTube geguckt, unter anderem Serien, von denen wir einzelne Folgen aus unserer Kindheit kannten und die jetzt in voller Länge auf YouTube lückenlos bereitstanden. Meinen Sie das Engagement meiner Eltern blieb? Natürlich, es wurde nun sogar noch mehr außerhäuslichen Aktivitäten nachgegangen, viel mehreren, um genau zu sein.

Kleiner Scherz am Rande. Es schrumpfte: Mein Vater lernte keine neuen Sprachen, erteilte keinen Klavierunterricht, meine Mutter hat kein Geschäft mehr, besuchte keine Kurse und in die Kirche gingen sie auch nicht mehr. Von dem alten Zeug blieben nur das Schwimmbad und die Bienen und das, obwohl die Kinder schon seit 9 Jahren raus waren. Übrigens werden selbst die Bienen in diesem Jahr an den Nagel gehängt. Berechtigterweise, denn da hatten wir wirklich viel Pech, Schädlinge etc.

Wie gestalten sie jetzt ihre Freizeit? Sie sitzen auf dem Sofa vor dem Computer und schauen „Bares für Rares", „Hartes für Wahres", „Er gab es, da lag es", „Start es, wenn's zart ist", „Karg, wenn's kein Bart ist", „Nutz Arme, wer lahm is", „Besam es, wenn's warm is", „Offenbar es, wenn es klar is". (Danke, James Joyce!) Ich weiß nicht genau wie hoch ihr Medienkonsum aktuell ist, aber als ich letzten Winter bei ihnen war, haben sie glaube ich jeden Abend was geschaut.

Immerhin, das muss man meinem Vater lassen, ist bei ihm das Mitwirken in einer Band (Keyboard) hinzugekommen, außerdem lernt er Gitarre (damals hat er ja Trompete gelernt) und ist Mitglied in einem Kulturverein geworden. Bei meiner Mutter ist wirklich nichts dazugekommen, sondern nur weggefallen. Wenn ich mir nur den Gesichtsausdruck meiner Mutter angucke, während sie vorm Bildschirm sitzt, werde ich wütend. Man kann ihr richtig ansehen, dass sie in eine andere Welt eingetaucht ist. Wenn man ihr dann eine Frage stellt, kommt die Antwort immer verspätet. Furchtbar! Ein anderer großer Zeitfresser ist WhatsApp. Früher hatte keiner von uns ein Handy, jetzt hat jeder mindestens eins. Sie glauben ja nicht, wie oft am Tag meine Mutter irgendwo sitzt und einfach rumtextet. Unerträglich! Also, um das ganze zusammenzufassen: Vorher waren sie viel aktiver als jetzt. Seit dem Erwerb des Bildschirms sind nur ca. 2–3 Aktivitäten erhalten geblieben. Meine Folgerung: Der Bildschirm fördert Bewegungsmangel, macht fauler, ungebildeter, weniger engagiert, fördert oder kreiert sogar Realitätsverlust und *vor allem stiehlt er Zeit.*

Um auf die Arbeit zurückzukommen: Es gibt also wohl zwei Arten von Arbeit: die Selbstverwirklichung und die Erwerbsarbeit. Vermutlich macht Arbeit an sich tatsächlich wenig Spaß, aber das Ergebnis der Arbeit kann ein sehr hohes Zufriedenheitsgefühl hervorrufen. Hält sich der Arbeitende dieses Ergebnis während der Arbeit vor Augen, kann er die Arbeit ertragen und sie kann sogar Freude bereiten. Mit Sicherheit gibt es Leute, die mir widersprechen würden und sagen: „Mir macht die Arbeit Spaß." Vielleicht haben sie recht. Jeder fühlt ja anders.

Manche sagen: „Arbeit nervt, ich habe keine Lust." Etc. Haben sie sich mit der Alternative zu Arbeit auseinandergesetzt? Oft sind genau das die Leute, die zu Hause sitzen und Müll glotzen. Wenn keiner arbeiten würde, glauben die etwa ernsthaft, es gäbe Serien und Filme? Speisen? Von der Technologie erst zu schweigen? So gut wie alles, was uns umgibt, hat mit Arbeit zu tun. Eigentlich alles außer der Natur. Die Menschheit würde ohne Arbeit sterben. Sehen sie wie realitätsfern der Wunsch nach dem Ende der Arbeit ist? Es wird höchstens vieles leichter (z. B. durch Roboter).

Moment! Wir haben nur die beiden Varianten, Arbeit und radikale Untätigkeit, erwähnt. Es gibt noch eine dritte Möglichkeit, einen Sonderfall. Jeder weiß ja, dass es Leute gibt, die nicht arbeiten und dennoch nicht verhungern. Wie ist das möglich? 1. Um am Leben zu bleiben muss man essen. 2. Essen muss man bezahlen. 3. Zum Bezahlen muss man Geld haben. 4. Geld muss man verdienen. 5. Geld verdient man mit Arbeit. So ist es doch, oder? Normalerweise ja. Jedoch muss zu Punkt 2 gesagt werden, dass man Essen auch stehlen oder in der Natur finden kann. Und zu 4.: Man kann Geld auch kriegen, ohne dass man es verdient, nämlich (5.) nicht mit Arbeit, sondern mit Almosen, wobei man es dann letzten Endes auch durch Arbeit kriegt, allerdings durch die Arbeit jener, die Almosen geben.

Das heißt, man kann durch die Arbeit eines anderen Geld kriegen. Hier ergibt sich gerade eine Parallele zwischen dem Reichen und dem Bettler: Beide lassen für sich arbeiten. Der Reiche indem er seinen Dienern Geld gibt und der Arme auf oben beschriebene Weise.

Schon Kant wusste, dass der einzige Ausweg aus der Arbeit „für sich arbeiten lassen"[13]ist. Überhaupt hatte Kant eine interessante Meinung zur Arbeit. Er empfahl Menschen möglichst früh das Arbeiten beizubringen, weil der Mensch das einzige Geschöpf sei, das arbeiten müsse (auch das einzige, das erzogen werden müsse). Von den drei Eigenschaften Faulheit, Falschheit und Feigheit sei Faulheit die „verächtlichste".

Viele Menschen würden am liebsten reich sein und nicht mehr arbeiten. Sehen wir uns den Reichen näher an. Er hat so

---

13 Quelle: https://www.aphorismen.de/zitat/5413 [19.04.22]

viel Geld, dass er jeden unliebsamen Handgriff von anderen erledigen lassen kann. Dadurch verfügt er über seine gesamte Zeit und kann somit im Gegensatz zum „Normalen" nicht nur in seiner Freizeit, sondern immer machen, was er will, denn er hat ja sozusagen immer Freizeit. Angenommen er vergnügt sich andauernd, wie wird er sich rückblickend fühlen? Eine einzige Schneise des Nehmens hat er hinterlassen, keine wirkliche Spur, zumindest keine, von der andere etwas haben, denn, das ist mir gestern eingefallen, das Vergnügen ist in den allermeisten Fällen ein hochgradig egoistischer Akt, der daraus besteht, dass jemand etwas tut oder sich einverleibt, um *sich selbst* gut zu fühlen. Gefährlich sind Vergnügungen, die getätigt werden, um zu vergessen, während Vergnügungen, die als Belohnung einer Leistung fungieren, sinnvoll sind.

Stellen wir uns einen Menschen vor, der sich ins Bett legt, ein Bier öffnet, einen Spielfilm schaut und sich eine Pizza gönnt. Wenn er ein Meister seines Fachs ist, hat er auch die Vorhänge zugezogen und das Handy aus. Kein Mensch aus seinem Umfeld hat in diesem Moment was von ihm. Um des Genusses willen klinkt er sich aus, wodurch es für die Welt so ist, als würde er gar nicht existieren. Dieser Zustand ähnelt sozial gesehen dem Tod, eigentlich ist es sogar schlimmer, denn der Tote muss ja nichts mehr essen und trinken. Paradox am Vergnügen ist, dass es sich gut anfühlt, aber demjenigen, der es durchlebt, sogar Schaden zufügen kann (hier verwechsele ich vielleicht Vergnügen mit Rausch).

Viel besser hat es da zum Beispiel ein*e Musiker*in. Wenn er/sie öffentlich spielt, empfinden die Zuhörer*innen Freude. Ihm/ihr macht es ja sowieso Spaß. Das heißt, dass er/sie einen emotionalen und sozialen Mehrwert schafft. Deswegen sind Vergnügungen, die die Umwelt und den/die Akteur*in gleichzeitig bereichern, „global" gesehen die besten. Das ist der Mehrwert der Gegenwart. Dank moderner Technik können Musikstücke zum Glück konserviert werden. So können auch nach dem Tod des Schöpfers Menschen den Künstler hören. Das ist der Mehrwert der Zukunft. Ob das Hinterlassen für die Nachwelt eine sinnvolle

Motivation ist, sei dahingestellt. Ich denke, ich hätte Bock drauf, dass Leute auch nach meinem Tod was von mir lesen und hören können. Obwohl man ja nichts davon hat, weil man dann ja tot ist. Ein völlig anderer Aspekt sind die Tantiemen, die nach dem Tod des Schöpfers seinen Nachkommen zufließen. Das könnte schon eine Motivation sein. Der Dichter Horaz sagte schon vor zweitausend Jahren: „ein Denkmal, dauernder als Erz, habe ich mir errichtet."[14] Bestimmt kennen sie das Sprichwort: „Wer schreibt, der bleibt!"[15] Das geht in dieselbe Richtung.

Vor kurzem wollte ich nach der Geschichte der Arbeit suchen, weil es mich interessiert hat, doch ich bin gescheitert, schon allein weil auf Wiki mehrere Artikel zum Thema „Arbeit" zu finden sind. Es scheint darauf hinauszulaufen, dass uns immer mehr Arbeit abgenommen wird, wir immer weniger unliebsame Handgriffe ausführen müssen, wir immer mehr (Frei-)Zeit haben und dadurch immer mehr Leute sich selbst verwirklichen können. An dieser Stelle muss das Wort Selbstverwirklichung infrage gestellt werden: Ist es wirklich man selbst, den man verwirklicht? Ganz allein? Anscheinend braucht man schon die Unterstützung der anderen. (Kurzer Wiki-Abstecher: „sozial" … Ok, den Artikel gibt es! Mich interessiert nämlich die Frage: Wie sozial sind wir?) Mittlerweile hat so gut wie jeder Bundesbürger mehrere Stunden Freizeit am Tag, aber wie werden sie verbracht? Liebe Lesende, gehen Sie nach (lieber wäre mir vor) der Arbeit und am Wochenende Ihren kreativen Interessen nach? Was machen Sie am Feierabend? Sind Sie platt und machen „gar nichts mehr"? Wie verbringen Sie Ihr Wochenende? Vielleicht ist es die legitimste Art der Freizeitgestaltung etwas zu erschaffen. Denken Sie, Sie seien „unkreativ"? Dann machen Sie bei der Erschaffung einer Sache mit, spielen Sie Theater oder führen Sie ein Tagebuch und veröffentlichen Sie es, entwickeln Sie eine App, treten Sie einem

---

14 Quelle: Horaz' „Oden", III, 30, 1. [23v.Chr.]
15 Quelle:https://www.redensarten-index.de/suche.php?suchbegriff=~~Wer
  %20schreibt,%20der%20bleibt&suchspalte%5B%5D=rart_ou [20.04.22]

kulturfördernden Verein bei oder gehen Sie jedes Wochenende wandern, filmen es und machen daraus eine Videoreihe. Vielleicht meinte DaVinci genau das, als er seine Zeitgenossen als „Latrinenfüller" bezeichnete[16]. Sie unterschieden sich nicht mehr vom Tier, weil sie nur noch aßen und zur Toilette gingen. Sie erlagen ihren Trieben und betätigten sich nicht kulturell (wobei natürlich darauf hingewiesen werden muss, dass sie dennoch etwas Urmenschliches taten: arbeiten). Ich habe mal gelesen, dass sich die meisten Menschen auf den Lohn konzentrieren und nur die wenigsten auf die Arbeit. Heutzutage ist es ja vielerorts so, dass Leute nach ihren geleisteten Stunden bezahlt werden. Dadurch kann die Leistung in den Hintergrund treten. Es wäre interessant zu recherchieren, seit wann nach Zeit bezahlt wird, vermutlich seit diesem Industrialisierungszeug. Die höchste Form der Arbeit ist die, bei der es einzig und allein um das Ergebnis geht bei gleichzeitig völlig freiem Verfügungen über alle dazu benötigten Mittel. Das bringt mich darauf, dass ich mal gelesen habe, dass einer der Unterschiede zwischen Gewinnern und Verlierern sei, dass Gewinner für das Ergebnis und Verlierer für ihre Zeit bezahlt werden. Hier ein Nachtrag zum Thema:

GESELLSCHAFTLICHER VERFALL

Bereits oben wurde Kenny Werner zitiert, der die Meinung vertritt, dass nichts so sehr zum Sittenverfall beigetragen habe wie der Fernseher (er benutzt das englische Wort „demoralisation")[17]. Dass unsere Gesellschaft in einem ungesunden Ausmaß bequem geworden ist, ist derart augenfällig, dass ich es mir

---

16 Quelle: http://www.suedwestgalerie.de/kunstlexikon/kuenstler/davinci-leonardo#kuenstler [20.04.22]
17 Quelle: Kenny Werner, Effortless Mastery, S.16 [1996]

erlaube dies mehrmals zu thematisieren. Schließlich betrifft das alle Lebensbereiche.

Erkennen Sie sich in einem der folgenden Merkmale wieder?
* Verzehr von Fertiggerichten
* Konsum von Pornographie
* Häuslicher Spielfilm- und Serienkonsum

Wollen Sie immer den leichtesten Weg nehmen, sind Sie ungeduldig, schnell genervt, verlieren Sie die Nerven schon bei den kleinsten Hürden und suchen Sie immer nach einer Abkürzung? Kommt Ihnen die Idee von Arbeit als eine befreiende Tätigkeit utopisch vor? Empfinden Sie Arbeit als einzige Abfolge lästiger Mühen? Würden Sie, wenn Sie könnten, sofort aufhören zu arbeiten? Machen Sie außerhalb Ihres Berufs Sport, lernen Sie eine Sprache oder ein Musikinstrument, nehmen Sie an Vereinssitzungen teil, engagieren Sie sich ehrenamtlich, unternehmen Sie Spaziergänge?

Haben Sie direkten Einfluss auf das Erzeugnis Ihrer Arbeit, wirken sich die Mühen, die Sie für Ihre Arbeit aufbringen, auf Ihren Lohn aus oder werden Sie immer gleich bezahlt? Haben Sie das Gefühl, dass es keinen Unterschied macht, ob Sie sich ins Zeug legen oder nicht? Kalkulieren Sie immer vorher, ob sich etwas „lohnt"?

Als ich noch Serien und Spielfilme schaute, sah ich mir naheliegender Weise auch hin und wieder Dokus an. Einmal stieß ich auf eine, in der es um zwei sehr alte Bäuerinnen ging. Sie waren Schwestern und lebten, wenn ich mich recht erinnere, im äußersten Süden Baden-Württembergs. Sie waren unverheiratet, hatten konsequent den Lebensstil ihrer Kindheit beibehalten und wohnten im selben Haus. Sie hatten keinen Fernseher, ich glaube sogar nicht mal Strom. Sie machten allen möglichen Kram von Hand und beteten vor dem Essen. Sie hatten in ihrem Hof so eine Art Sägewerk, das per Mühle betrieben wurde und dessen Sägen niemand im Umkreis so gut bedienen konnte wie sie, wenn es sonst überhaupt noch jemand konnte. Hin und wieder kamen Leute mit Holz vorbei, um es bei den Schwestern sägen zu lassen, denn sie wussten um deren Präzision trotz Handbetrieb. Außerdem war es bei den Bäuerinnen günstiger als in den mit Elektrik ausgestatteten Nachbarbetrieben. Jedenfalls wurde eine der Frauen gefragt, wie sie ihren Lebensstil denn finde oder so ähnlich und da sagte sie tatsächlich: „Ich tu am liebsten den ganzen Tag arbeiten." Sie sagte es aber nicht in jenem prahlerisch-heroischen Tonfall, den man von Leuten gewohnt ist, die so etwas z.B. in Motivationsvideos oder Erfolgsreden sagen, sondern so, dass man es ihr sofort abkaufte. Lächelnd, ruhig und ohne Nachdruck in der Stimme.

Das Highlight der Schwestern war ihr sonntäglicher Kirchenbesuch, jedoch musste eine der beiden immer zu Hause bleiben und auf dem Hof arbeiten.

Sie waren recht religiös und lasen einander sogar aus der Bibel vor. Wenn eine der Schwestern in die Kirche ging, sah sie ganz anders aus, weil sie sich dann ihr Gebiss anzog, ansonsten war sie nämlich so gut wie zahnlos. Vielleicht war die andere buckelig, meine Güte, jetzt habe ich doch das Bedürfnis die Doku wieder ausfindig zu machen, um mich zu vergewissern. Ich bleibe jedoch standhaft[18]! Von den drei Formaten Doku, Spielfilm und Serie, gehen Dokus noch am ehesten klar, dennoch lieber entsagen! Wobei diese Art von Doku mich schon sehr reizt. Zu der Zeit habe ich auch eine Doku über so einen selbstversorgerischen Aussteiger gesehen. Das war auch interessant. Seine Konsequenz war bewundernswert und hinsichtlich mancher Dinge konnte ich ihn sehr gut verstehen, weil unsere Meinungen oft Parallelen zeigten. Er verbrauchte nur drei Liter Wasser am Tag, von Ausnahmefällen abgesehen, wenn er zum Beispiel ein Tier kochte. Wobei es sein könnte, dass er auch da Methödchen für eine Zweitverwendung hatte. Zuzutrauen ist es ihm allemal[19]. Doch die Schwestern-Doku war heftiger, denn die Bäuerinnen waren nicht trotzig alternativ, sondern sie hatten einfach seit ihrer Kindheit nichts an ihrer Lebensweise verändert. Einen Aussteiger

---

18 Quelle: https://www.youtube.com/watch?v=X6S4iYLsm6c [20.04.22]
19 Quelle: https://www.youtube.com/watch?v=n1cJTODlYB4 [20.04.22]

gibt es ja nur, weil er sich durch Ablehnung und Andersartigkeit (nachdem er lange Zeit normal gelebt hat) behauptet. Deswegen wirken Aussteiger oft sonderbar und nicht selten scheint es, als hätten sie nichts anderes zu bieten als ihre andere Lebensform. Ja man ist versucht zu behaupten, dass sie derart langweilige Wesen sind, dass sie nur ausgestiegen sind, um aufzufallen und um etwas zum Erzählen zu haben. Vornehmlich sprechen sie davon wie unverantwortlich, unmoralisch und zerstörerisch wir uns benehmen, zu welchem gigantischen Unheil das uns, nein den ganzen Planeten führen wird und warum sie das anders machen. Kurz gesagt: Wir sind scheiße und sie (die Aussteiger) sind geil.

Und deswegen war die Schwestern-Doku besser.

Worauf ich eigentlich hinauswollte: Kommt Ihnen der Gedanke, am liebsten den ganzen Tag arbeiten zu wollen, bescheuert vor? Würden Sie am liebsten alles Mögliche tun, nur ganz sicher nicht arbeiten?

Die oben beschriebenen Merkmale sind das, was die englische Sprache mit „demoralisation" meint: den Sittenverfall. Sollten Sie viele der Fragen mit „ja" beantworten, sind Sie bereits vom Sittenverfall betroffen, denn dieser meint in erster Linie den Verlust der emotional positiven Belegung von Arbeit aufgrund des mangelnden Kontaktes mit dem Endprodukt. Und damit gehen nun einmal oft der Verfall vor den „Hausmedien" und andere oben beschriebene Symptome einher. Es ist eine globale Tendenz der Neuzeit. Die ganze Gesellschaft ist davon bedroht, nicht nur Sie!

FINANZEN

Wie ich das hasse, wenn ich mit Leuten rede und sie im Bezug auf Arbeit immer nur über Geld reden. Da ich Musiker bin, habe ich hauptsächlich mit Musikern zu tun und da wird verflixt viel über Kohle geredet. Zurzeit lese ich gerade das Buch „To be or not to bop" von Dizzy Gillespie und er sagt an einer Stelle, dass sie früher um der Qualität willen geprobt hätten, heutzutage müsse man Bands selbst zum proben bezahlen, deswegen seien Bands mittlerweile „full of shit"[20]. Es ist genau wie der gute alte Sibelius gesagt hat: „Über Musik kann man am besten mit Bankdirektoren reden. Künstler reden ja nur übers Geld."[21]. Ich musste schon ein wenig schmunzeln, als ich das gelesen habe. Aber es ist wirklich so, also das mit den Künstlern. Vielleicht sollten wir, liebe Lesende, ausprobieren mit einem Bänker über Musik zu reden. Vielleicht lernen wir ja was. Vielleicht ist das der Fluch des Geldes: Sobald es im Spiel ist, besteht immer die Gefahr, dass Dinge, die noch wichtiger sind, zu Gunsten des Geldes in den Hintergrund treten. Sehr schade ist, wenn jemand etwas, das er an sich sehr gerne macht, nicht macht, nur weil der Preis nicht stimmt. Es kann sinnvoll sein sich eine innere Kategorie anzulegen, bei welchen Dingen der Spaß und bei welchen das Geld wichtiger ist. Orientiert sich beispielsweise ein Musiker bei Konzerten immer an der Gage, wird deren Höhe immer eine maßgebliche Rolle spielen. Setzt ein Musiker sich jedoch von vornerein fest, dass es beim Spielen erstrangig um die Freude geht und er zum Beispiel einen Unterrichtsjob hat, der erstrangig für die Kohle da ist, kann er immer die Konzerte spielen, die er will und mit freierem Kopf an die Sache rangehen. Es ist völlig klar, dass es geil ist mehrere Millionen zu haben, das streite ich nicht ab, aber es ist schade, wenn das Geld mehr in den Vordergrund tritt als die *eigentliche* Sache. Ähnlich bescheuert ist eine Rivalität um irgendwelcher Auszeichnungen willen, wie es besonders in der Wissenschaft oft vorkommt. Es geht nicht um die Wissenschaftler, sondern um das Wissen. Dieses Phänomen gibt es natürlich auch in anderen Bereichen, wie zum Beispiel den Künsten vor allem im Bezug auf Wettbewerbe. Es macht Sinn eine feste Summe anzupeilen. Gleichzeitig sollte festgelegt werden wie viel

20 Quelle: Dizzy Gillespie, To be, or not ... to bop, Seite 188 [1979]
21 Quelle: https://beruhmte-zitate.de/zitate/1970582-jean-sibelius-uber-musik-kann-man-am-besten-mit-bankdirektoren-r/[20.04.22]

von der Summe wofür ausgegeben und was behalten werden soll. Wenn die angepeilte Summe da ist, geben Sie genau so viel aus bzw. sparen Sie genau so viel, wie Sie sich vorgenommen haben. Machen Sie nicht den gleichen Fehler wie ich und sagen: „Ich möchte dies und jenes tun. Dafür brauche ich x €. Ich werde es tun, sobald ich x € habe." Und dann, wenn Sie endlich das Geld haben, machen Sie es doch nicht. Stattdessen legen Sie es auf die hohe Kante. Na, da liegt es gut. Eigentlich ist auch das eine Form des Aufschubs. Genau so ist es mit meinem Album. Ich habe immer gesagt, ja wenn ich x € habe, kann ich es finanzieren, dann mache ich es. Jetzt habe ich genug, die Kosten würden mir nicht das Bein brechen. Aber ich mache es nicht.

Also Leute, wenn ich euch Tipps gebe, heißt das nicht immer, dass ich mich selbst dranhalte. Wobei ich zu meiner Verteidigung sagen muss, dass ich momentan keine Band leite und mich nicht traue meine gesungenen Songs professionell aufzunehmen.

DIE GRATISKULTUR

Heutzutage kann jeder mit wenigen Bewegungen seines Zeigefingers Lieder, Hörspiele, Reden, Zeitungsartikel, Videos zu allen erdenklichen Themen, Spielfilme, Konzerte, Bücher, ja sogar ganze Serien zu jeder Tageszeit abrufen und konsumieren. Und das, ohne auch nur einen Cent zu zahlen. Wenn er (der Konsument) auch nur halbwegs geschickt (geschickt heißt, maximal zehn Sekunden lang auch noch ein paar andere Finger zum Tippen krümmen) ist, muss er noch nicht mal Werbung schauen. Dazu muss er lediglich einen Ad-Blocker, also eine Art Werbungssperre, herunterladen und anschalten. Auch diese ist gratis erhältlich. Möglich ist das ganze über das Internet.

Meine Damen und Herren, was zur Hölle ist nur los mit dieser Welt? Wann war so etwas je möglich? Wir waren Tausende von Jahren Jäger, dann Bauern, zweihundert Jahre Arbeiter und seit weniger als dreißig Jahren sind wir vollständig übersättigte

Wesen, die nicht nur ihren Körper nicht mehr einsetzen müssen, um ihr Brot zu verdienen, sondern in fast allen Fällen dafür auch nicht mehr an die frische Luft müssen, ggf. sogar nicht mal mehr das Haus verlassen müssen. Wie kann es sein, dass etwas gratis erhältlich ist? Klar, man muss seinen Internetanschluss bezahlen, aber das hat ja nichts mit dem kostenlosen Medienangebot zu tun. Warum gibt es überhaupt etwas umsonst? Würden Sie für eine Erfindung, an der Sie über Monate hinweg gearbeitet, geforscht und getüftelt haben, ohne den Hauch einer Garantie, dass mal was draus wird, nicht bezahlt werden wollen? Würden Sie wollen, dass diese der ganzen Welt gratis zur Verfügung gestellt wird? Wie funktioniert dieser ganze Rotz überhaupt? Welcher Mensch geht eigentlich hin und macht etwas für alle verfügbar? Und wie wurde zum Beispiel Mark Zuckerberg Millionär, wenn doch sein Hauptprodukt gratis ist? Er besteht ja auch weiterhin darauf, dass es gratis bleibt.

Der gleiche Mist ist es mit der Musikwirtschaft. Kaum gibt es ein offizielles Album, ist es gratis auf YouTube. Natürlich kaufen dann weniger Leute die Platte. Ich weiß gar nicht, wann ich zum letzten Mal eine CD gekauft habe. Und warum Kinos noch nicht ausgestorben oder zumindest drastisch in ihrer Anzahl geschrumpft sind, verstehe ich schon lange nicht mehr. Wenn man einen Satz aus einem echten physischen Buch googelt, kommt direkt der ganze Buchtext, weil er bei Google Books, oder wie das heißt, hinterlegt ist. Hier habe ich mich geirrt, ganz so extrem ist es nicht. Wieso haben die Verlage und Labels etc. zugelassen, dass ihre Produkte über Anbieter gratis für Verbraucher erhältlich sind? Führt das nicht dazu, dass die Nachfrage der Konsumenten bereits ohne Kauf gestillt ist? Und führt das wiederum nicht dazu, dass die Labels und Verläge ihre Mitarbeiter nicht bezahlen können, weil sie zu wenig einnehmen? Gibt es eine Art Verlag-Internet-Gratis-Teufelskreis?

Wer weiß es? Schickt mir gerne einen Leserbrief! Wenn dieses Buch je verlegt wird, wird es dann gratis online abrufbar sein?

Welche unglaubliche Dummheit ist es einfach nur möglichst viel Geld zu wollen? Für das System ist es schlecht, weil das

Geld an anderer Stelle fehlt und für einen selbst, weil man ständig an das Geld denkt und daran, dass man es verlieren könnte. Klar, es ist hilfreich eine Menge Geld zu haben, das gebe ich zu. Nur kann ich mich mit der Einstellung: „Möglichst viel haben, um mich maximal zu vergnügen", nicht anfreunden. Legitimes Motiv für Reichtum ist in meinen Augen: „So viel Geld haben, dass ich etwas, das noch wichtiger als Arbeit ist, ungestört vollbringen kann." So bringt es dem Umfeld vielleicht noch mehr, wenn der Reiche ein kreatives für das Umfeld interessantes Produkt erzeugt, als dass er zwar nicht reich ist, dafür aber zu sehr mit Arbeit beschäftigt, um jemals etwas Ideelles zu hinterlassen. Weiter oben wurde ja schon erwähnt, dass es sinnvoll ist, einen Brotjob zu haben, um dann freien Geistes den Künsten zu frönen.

Kennen Sie das? Kaum denken Sie über Kohle nach, sind Sie verärgert und schon kommen Gedanken wie: „Das blöde Finanzamt", „Wenn der Drecksstaat unsere Kohle wenigstens sinnvoll ausgäbe", „Das ist so ungerecht", „Es bleibt gar nichts für mich übrig", im Kern ist der Gedanke: „Ich brauche mehr."

Sich derart intensiv mit der Brotlohnhöhe zu beschäftigen, macht nur Sinn, wenn man entweder die Aussicht hat, durch eine Lohnerhöhung finanziell unabhängig zu werden oder wenn man trotz des Brotjobs weniger Einnahmen als *nötige* Ausgaben hat. Der innere Frieden lässt sich intensiver erleben, wenn diese Gedanken nicht gedacht werden. Könnten sich jene Künstler psychische Erleichterung verschaffen, indem sie sich von vornerein sagen: „Finanzielle Unabhängigkeit wird mich genauso wenig treffen wie völlige Mittellosigkeit", (gemeint ist: Ich werde weder reich genug sein, um nicht mehr arbeiten zu müssen, noch auf der Straße landen, solange ich arbeite) und ab dann nicht mehr an Kohle denken? Denn immer wenn wir mehr wollen, fängt die Unzufriedenheit an unseren Geist zu geißeln. Zumindest geht es mir so. Kein Spaß, das Denken an die Kohle führt schon zu Bitterkeit. Denken an Geld, am besten schriftlich fixiert, ist dennoch sinnvoll für Leute, die wirklich schlecht mit Geld umgehen können. Heute morgen erst las ich ein Interview mit dem vierundachtzig Jahre jungen Musiker Klaus Doldinger, der darin sein Haus mit Blick auf die Alpen an der Isarquelle oder am Isartal in Oberbayern gelegen, ländlich, mit zweitausend Quadratmeter Grundstück, erwähnte[22]. Kaum war ich fertig, dachte ich mir: „Boah, schon geil, so ein Haus auf dem Land, das muss herrlich sein."Und schon war die Unzufriedenheit, vielleicht sogar Neid nicht weit. (Es sei erwähnt, dass ich eine große Affinität für die Natur, Ländlichkeit und Abgeschiedenheit empfinde.) Welch ein Tor war ich. Gibt es nichts Stressigeres als seine Wohnung zu reinigen? Wie sehr muss dann ein Haus nerven? Und dann noch die Fahrerei, die man auf dem Land hat? (Ok, Doldinger hat sich ein Studio reingepflanzt, dennoch bezweifele ich, dass er zu Fuß seine Einkäufe erledigen kann). Die anderen Musiker wohnen tierisch weit weg. In der Stadt sind doch die Kontakte! Übrigens sei seine Frau in den ersten fünfzehn, alter FÜNFZEHN Jahren von Arbeit „quasi erschlagen" worden, weil das Haus noch nie renoviert worden war. Welcher Depp hat auf so einen Aufwand Bock?

---

22 Quelle: virtuos (Mitgliederzeitschrift der Gema) 03/2018, Seite 22

6.

Prioritäten

Im Grunde genommen geht es bei der Frage, ob jemand etwas tut oder lässt lediglich darum, wie wichtig die Tat ist, bzw. wie wichtig sie im Vergleich zu einer anderen zu erledigenden Tat ist. Liegt nicht genau hier der Knackpunkt? Wie kann es sein, dass mehr als eine Tat infrage kommt? Selbst wenn es nur eine einzige Tat gäbe, so gäbe es dennoch zwei Optionen: a) die Tat und b) die Unterlassung der Tat. Welche Parameter beeinflussen unsere Entscheidung?

1. Nutzen der Tat
2. Dringlichkeit der Tat
3. Schwierigkeitsgrad
4. Nutzen der Unterlassung/anderen Tat im Vergleich zur Tat
5. Dringlichkeit der Unterlassung im Vergleich zum Tun der anderen Tat
6. Schwierigkeitsgrad der anderen Tat.

Wie entscheiden Sie sich bei:

Fall A: 1. hoch, 2. gering, 3. hoch, 4. gering, 5. hoch, 6. gering
Fall A: Unterlassung/andere Tat

Fall B: 1. gering, 2. hoch, 3. hoch, 4. hoch, 5. gering, 6. hoch
Fall B: Wahrscheinlich Tat, aber schade, weil die andere Tat einen höheren Nutzen hat

Fall C: 1. hoch, 2. gering, 3. gering, 4. gering, 5. gering, 6. hoch
Fall C: Tat, denn schwierige Taten, die nicht dringend und noch obendrein geringen Nutzen haben, sind bescheuert.

7.
Speise

Ein großes Thema bei der Betrachtung unseres Lebens bildet die Kulinarik. Unzählige Kochbücher wetteifern mit fast genauso vielen Ernährungsratgebern, sämtliche Religionsführer haben sich (mit äußerst unterschiedlichen Ergebnissen) eingehend mit dem Thema beschäftigt und durch populäre Kochsendungen ist so manch ein Unbekannter zur Berühmtheit geworden.

Lassen Sie sich eins gesagt sein: Ich kenne niemanden, von dem ich weiß, dass er sich konsequent „gut" ernährt. Dies lässt die Folgerung zu, dass sich niemand konsequent gut ernährt, was wiederum die Folgerung zulässt, dass eine konsequent gute Ernährung sehr schwer durchführbar ist.

Kommt Ihnen Folgendes bekannt vor: Sie sind irgendwo eingeladen und irgendwann kommt das Gesprächsthema Ernährung auf. Jemand in der Runde erwähnt vielleicht etwas, das besonders gesund sei und eine andere Person meint dann, das esse sie regelmäßig, zu Hause halt und eigentlich esse sie sowas wie auf der Party hier nie.

Ein ähnlicher Fall: Man trifft sich zu zweit und geht dann irgendwo essen. Natürlich nichts Gesundes (eigentlich gibt es fast keine gesunden Restaurants). Wieder geht es um die Ernährung und es wird fleißig herausgemeißelt, was denn ungesund sei und warum und was man eigentlich essen sollte und dass das ja viel besser wäre, weil man dann … und überhaupt … und außerdem … Während man, wie gesagt, etwas Ungesundes in sich reinschaufelt!

Was ist das am Menschen? Giovannino Guareschi sagte mal: „Die Welt ist voller Leute, die Wasser predigen und Wein trinken."[23]

---

23 Quelle: https://gutezitate.com/zitat/165609 [20.04.22]

Eventuell ist hier eine Parallele zu den Situationen zu finden, in denen Leute von einer Idee erzählen, ohne sie umzusetzen.

Was ist der psychologische Hintergrund dieses Phänomens?

1. Das Reden über eine Sache ist bereits ein Abglanz der Sache, weil beim Erwähnen einer Idee automatisch die Vorstellung angeregt wird. Somit dient es als Teilbefriedigung. Anstatt der Handlung besteht der Traum.
2. Eine Idee wurde noch nie durchgeführt (somit auch nie die Belohnung für die Umsetzug erlebt), daher besteht die Gewohnheit nur von der Idee zu sprechen und sie nicht auszuführen.
3. Selbstunterschätzung führt dazu, dass Leute annehmen, dass sie ihre Ziele nie erreichen und ihre Träume nie wahr werden, das passiere nur berühmten Leuten, denn dazu brauche man Glück und natürlich jede Menge Talent. Es zählt, was im Fernsehen gezeigt wird.
4. Es wird tatsächlich nur erzählt, damit man drüber lacht und es vielleicht noch gemeinsam ausschmückt. Eher als eine Art spontaner Einfall. Eine Ausübung kommt also von vornherein gar nicht infrage.

Was sollen wir essen, um zum besten Ergebnis zu gelangen? Spielt die Ernährung *wirklich* eine Rolle? Was hat größere Auswirkungen auf die Produktivität, die Menge oder die Beschaffenheit? Ist die hochgesunde Ernährung eines guten Sportlers, der dadurch erst seine voller Kraft erlangt, für einen Durchschnittsbürger genauso effektiv? Oder muss er etwas anderes einnehmen, weil er sonst überfordert wäre?

Wer jetzt denkt, ich wäre einer jener, für die die Nahrungsaufnahme von entscheidender, gar allumfassender Bedeutung ist, oder einer jener, die an die Decke gehen, wenn auch nur eine Mahlzeit (wir essen im Leben 75.000) mal nicht schmeckt, liegt falsch. Natürlich esse ich zu Hause fast nur Wohlschmeckendes, doch kenne ich eine Frau, die immer edle Speisen will. Wenn es nach ihr ginge, wäre jede Mahlzeit ein kleines Festmahl und so wie sie glaube ich wirklich nicht zu sein.

Interessant hat sich Paracelsus und Sebastian Kneipp zum Essen geäußert:

1. „Bis 20 iss, soviel du kannst, bis 30 iss, soviel du musst, über 30 so wenig du kannst."[24]
2. „Wenn du merkst, du hast gegessen, hast du schon zu viel gegessen."[25]

Doch wieder zurück zum Essen. In eine ähnliche Richtung wie das letzte Paracelsus-Zitat geht auch eines von Benjamin Franklin: „Seit der Erfindung der Kochkunst essen die Menschen doppelt so viel wie die Natur verlangt."[26] Auf zur Dame … Alle drei Zitate deuten daraufhin, dass die Gefahr besteht zu viel zu essen. Welche persönlichen Erfahrungen zum Thema „(zu viel) essen" haben Sie gemacht?

Bekannt ist auch der Spruch: „Voller Bauch studiert nicht gern.[27]" Es ist mir oft passiert, dass ich zu viel gegessen und dann erstmal gepennt habe. In letzter Zeit kriege ich es immer öfter hin weniger zu essen. Ich habe kein Völlegefühl danach und fühle mich auch etwas leichter. Nachteil: Man wird schneller wieder hungrig. Einen anderen Trick habe ich letztes Weihnachten in der Heimat ausprobiert. Sobald ich müde wurde, aß ich Orangen, Mandarinen etc. mit dem Ergebnis, dass ich wieder wach wurde. Einmal aß ich gar kein Mittagessen, sondern nur Früchte. Ich blieb wach, obwohl ich um 04:40 Uhr aufgestanden war! Die

---

24 Quelle: https://gutezitate.com/zitat/165609 [20.04.22]
25 Quelle:https://zitate.woxikon.de/essen-trinken/3173-sebastian-kneipp-wenn-du-merkst-du-hast-gegessen-hast-du-schon-zuviel-gegessen [20.04.22]
26 Quelle: https://www.aphorismen.de/zitat/7760 [20.04.22]
27 Quelle: https://www.sprichwoerter.net/deutsche-sprichwoerter-und-redewendungen/v/voller-bauch-studiert-nicht-gern.html [20.04.22]

Frage nach der richtigen Ernährung beschäftigt die Menschen schon lange. Sokrates sagte, das richtige Maß beim Essen und Trinken sei der Grundstein zu einer vernünftigen Lebensart. Der irre Kirchenvater Augustinus, meiner Meinung nach ein hochgradig obsessiver und festgefahrener Autor, beschäftigte sich in seinen „Confessiones" ausgiebig mit dem Essen[28]. Ich kann mich nicht erinnern an irgendeiner seiner Äußerungen Anstoß gefunden zu haben. Essen und Trinken, wenngleich dieselbe Funktion erfüllend verhalten sich gegenteilig. Während der Durst beim Trinken abnimmt, nimmt der Appetit beim Essen zu.

So viel zur Menge. Wie steht es um die Beschaffenheit? Unterschiedlichste Meinungen kursieren hierzu. Die meisten Menschen erwähnen viel häufiger, was sie gegessen haben als wie viel sie gegessen haben. Merkwürdig. Ist es bei ihnen etwa so, dass sie, wenn sie vom Richtigen zu viel essen, müder werden, als wenn sie vom Falschen mäßig essen? Optimal wäre es sowohl über die Menge als auch die Qualität der Nahrung die Kontrolle zu behalten (sonst kontrolliert uns die Gier!). Alles in allem hat mir wenig essen wohl am meisten geholfen.

Es heißt ja: „Du bist, was du isst!"

Stofflich gesehen stimmt das, doch irgendwas klingelt in mir, wenn ich den Spruch höre. Wahrscheinlich, weil ich mich nicht damit anfreunden kann, dass der Wert einer Person von ihrer Ernährung anstatt ihrer Leistung (genauer: dem Verhältnis zwischen ihrer Leistung und ihrem Potenzial) bestimmt wird.

Vielleicht ist es auch der leichte Hauch von Materialismus, der mich ärgert. Als ob alles rausfindbar sei, als ob man einen Menschen auf seine Ernährung reduzieren dürfe. Selbst wenn wir haargenau wissen würden, wie ein Mensch funktioniert, würde das etwas daran ändern, wie er sich verhält? Könnten wir Liebe chemisch genau darstellen, würde uns dieses Wissen von der Kraft der Liebe befreien? Würde es etwas daran ändern, *dass* wir

---

28 Quelle: Aurelius Augustinus, Die Bekenntnisse des heiligen Augustinus, [397-401 n. Chr.]

lieben? Der Spruch klingt nach einem Vorwurf. Nach dem Motto: „Wenn du schlecht isst, bist du auch schlecht." Wie könnt ihr es nur wagen? Sagte Jesus nicht: „Nicht was in den Menschen reingeht, sondern was aus ihm rauskommt, macht ihn unrein."[29]Echt, ey! Dennoch muss gesagt werden, dass wir nun einmal dafür verantwortlich sind, zu unserer Gesundheit beizutragen oder eben nicht. Wie ein AutoTank, der mit einem Kraftstoff mit einer bestimmten Oktanzahl besser funktioniert als mit einem anderen, so ist es wohl auch mit der menschlichen Ernährung.

Fazit zum obigen Spruch: Es ist wohl zwar gut sich bestmöglich zu ernähren, dennoch sind die Begeisterung, das Interesse und der soziale Gesichtspunkt speziell hinsichtlich Müdigkeit stärkere Faktoren. Anders gesagt: Gute Ernährung bringt nichts ohne Begeisterung und schlechte Ernährung schwächt weniger als Begeisterung in guter Gesellschaft stärkt. Ist das Interesse an einer Tätigkeit/ Person hoch, so sind trotz schlechter Ernährung gute Leistungen möglich. Ist die Langeweile hingegen hoch, hilft auch die gute Ernährung nicht. Demzufolge kann die Ernährung allein nur dabei helfen Probleme zu lösen, aber nicht Probleme direkt lösen. Sie hilft, wenn uns weder extrem langweilig ist noch wir sehr interessiert an etwas sind. Und doch, blicke ich auf die Zeit zurück, in der ich sehr oft Nudeln und deutlich öfter Fleisch gegessen habe als jetzt, fällt auf, dass ich nachts fast zwei Stunden länger schlief und öfter Mittagsschlaf machte. Allerdings trainierte ich damals auch nicht, duschte nicht kalt und spielte auch etwas mehr Trompete. Außerdem kannte ich den Ex-Navy Seal und Podcast-Autor Jocko Willink noch nicht. Eventuell ist es tatsächlich so, dass ich nach einem Linsengericht wacher bin als nach Nudeln oder Reis.

Wir wollen herausfinden ob gute Ernährung wichtig ist oder überhaupt „was bringt". Versuchen wir es mal so: Wäre Ernährung komplett unwichtig, gäbe es dann so viele Bücher, Studien, Bezeichnungen, Lehrmeinungen zu dem Thema? Ernährungsberater ist ein Beruf. Ein ganzer Beruf, völlig ohne Sinn und Verstand, obwohl

---

29 Quelle: Bibel, Markus 7,15

Ernährung unwichtig ist? Häufigste Krebsursache in Deutschland: Fehlernährung, und zwar in 35 % der Fälle[30]! Weltweit spielt Fehlernährung bei jedem fünften Todesfall eine Rolle[31]. Wie sollen wir uns ernähren? Ich kann es Ihnen nicht sagen. Die Informationen dazu sind sehr unterschiedlich. Ich kann Ihnen nur sagen, wie ich mich vorher ernährte und wie ich es jetzt tue, was es bisher brachte und was ich wohl noch verbessern könnte. Vorher: Brot, Hafer, Joghurt, Käse, Äpfel, Bananen, Wurst, (viele) Nudeln, Fertigsaucen. Jetzt: (Eiweiß-)Brot, Hafer, Karotten, Tomaten, Steckrübe/Broccoli, Äpfel, Bananen, Magerquark, Linsen, Reis, Aufstrich, selten Tilsiter oder Butterkäse, Harzer Käse, Kartoffeln, sehr selten Nudeln, Pesto. Vorher habe ich vor allem mehr gepennt. Verbessern könnte ich meine Ernährung noch in dem ich das Pesto weglasse (wahrscheinlich esse ich dadurch zu viel Salz und Fett) und statt zwei immer nur ein Bier trinke. Für durchaus sinnvoll halte ich häuslichen Vegetarismus, den häuslichen Verzicht auf Süßigkeiten, den totalen Fast Food Verzicht sowie den Verzehr von etwas Gemüse als Vorspeise vor jeder warmen Mahlzeit, da es den Appetit/ Heißhunger senkt und so Überernährung vorbeugt.

Definitiv ist es für meine Arbeit immer von Vorteil gewesen mäßig zu speisen. Mäßig heißt für mich, gerade so viel wie man braucht, also weniger als man will. Welcher Trick hilft uns dabei aufzuhören, bevor man aufhören will? 1. sich zusammenreißen, 2. eine Motivation entwickeln, z. B. etwas wie: Wenn ich nur zwei Teller nehme, bin ich in zwei Wochen wieder bei meinem Altgewicht angekommen, 3. sich den Nutzen vor Augen halten: Wenn man weniger isst, muss man seltener einkaufen UND ist wacher. Also an dieser Stelle ein klares Plus für Paracelsus.

Warum kommt es dennoch vor, dass ich, der ich ja schon die Erkenntnis gemacht habe, dass die bessere Nahrung mich verbessert

---

30 Quelle: https://de.wikipedia.org/wiki/Krebs_(Medizin)#Quantitative_Einsch%C3%A4tzung_verschiedener_Faktoren [20.04.22]

31 Quelle: https://www.tagblatt.ch/leben/fehlerhafte-ernahrung-spielt-rolle-bei-vielen-todesfallen-ld.1451993 [20.04.22]

und welche Nahrung die bessere ist, mich gelegentlich wissentlich falsch ernähre? Es ist das Bedürfnis nach der sofortigen Belohnung. Wenn ich jetzt was Feines esse, spüre ich den Geschmack sofort. Anstatt etwas zu essen, das jetzt schlechter schmeckt, aber später mein Muskelwachstum/Wohlsein etc. erhöht. Stöbern Sie zum Thema „sofortige Belohnung" sowie „Belohnungsaufschub" gerne auf Wikipedia. Auf der englischsprachigen Wikipedia-Seite gibt es sogar noch mehr Informationen dazu. Der Artikel heißt glaube ich „Instant gratification" oder so ähnlich.

Ob wir wirklich leistungsfähiger sind, wenn wir uns gesünder ernähren, kann ich leider aus eigener Erfahrung nicht sicher sagen. So gut wie alle gehörten Behauptungen, die dazu in meiner Birne umherkursieren, gehen in die Richtung „Ja, es spielt eine Rolle, was du isst" sowie „Ja, gute Ernährung erhöht deine Leistung." und so gut wie alle kommen von Sportlern/Sporttreibenden. Das könnte daran liegen, dass Ernährung (neben Training natürlich) schon länger Teil des Sports ist, oder auch daran, dass nur ab einem bestimmten Belastungsniveau der Faktor Ernährung wirklich wesentlich wird. Weniger belastende Tätigkeiten können mit jeder Ernährung ausgeführt werden, aber extrem schwere Tätigkeiten können erst mit einem Training, das bis ans Limit geht, und einer optimierten Ernährung, und auch dann nur knapp erledigt werden. Es ist ein kompliziertes Thema, mit dem sich jeder sein Leben lang beschäftigen kann. Wir sind da wirklich noch nicht am Ende unserer Überlegungen.

Fazit: In puncto Müdigkeit hat bei mir weniger essen (Menge) eine größere Auswirkung als was (Qualität) ich esse. Dennoch sieht es sehr danach aus, dass das Was des Essens das Wie der Arbeit beeinflusst.

Schon ein paar Stunden nach der letzten Mahlzeit kriege ich das Bedürfnis nach „Nachschub". So geht es auch anderen Leuten, wie man merkt, wenn man mal ein paar Stunden mit ihnen zusammen ist. Bei drei Mahlzeiten am Tag heißt das hochgerechnet, dass wir alle acht Stunden essen, eigentlich sogar öfter, lässt man mal die Nacht raus. So, und wie lange können Menschen ohne Speise auskommen? Ich glaube dreißig (!) Tage. Gerade nachgeschlagen:

Es sind bis achtzig Tage[32]. Mahatma Ghandi schaffte sechs Tage ohne Schäden[33]. Achtzig kann ich mir nicht vorstellen, aber worum es geht, ist: Wir können *viel* länger nichts essen als es in unserem Alltag vorkommt. Dies lässt die Vermutung aufkommen, dass wir nicht essen, weil wir es brauchen oder müssen, sondern weil wir es wollen. An dieser Stelle eine kleine persönliche Begebenheit: Für gewöhnlich esse ich zwischen den Mahlzeiten sechs Stunden lang nichts. Speziell vormittags verspüre ich aber recht früh wieder Hunger. Es ist oft eine Qual die sechs Stunden durchzuhalten. Bei anstrengenden Tätigkeiten (v. a. Trompete spielen) habe ich besonders schnell Hunger, führe ich jedoch aus irgendeinem Grund mehrere leichte Tätigkeiten hintereinander aus, so ist es ein Kinderspiel ohne Essen. Dies ist meiner Meinung nach ein starkes Argument dafür, dass der von uns gefühlte Hunger eine psychische Geschichte ist. Jocko Willink (sein Buch „Der Weg der Disziplin" (2017) sowie sein YouTube-Podcast „Jocko Podcast" sind sehr zu empfehlen) behauptet im Kapitel „Fasten", dass der Hunger in Wirklichkeit Langeweile sei und dass der „Steinzeitmensch" in uns, uns dazu verleite viel zu essen, da er von einer Zeit geprägt sei, in der es durchaus mal vorgekommen sei, dass man vielleicht wieder ein paar Tage nichts zu essen bekam, sodass es ratsam war, „auf Vorrat" zu essen[34]. Auch hörte ich meine Mutter sagen, sie habe gelesen, es sei kein Hunger, sondern die Lust zu essen. Was sagt Wiki zum Unterschied zw. Appetit und Hunger? Während Appetit die psychische Lust auf Essen darstellt, ist Hunger der physiologische Bedarf an Nahrung. Dem Appetit ist es zu verdanken, dass Menschen bisweilen mehr essen als sie zur Sättigung brauchen.[35]

---

32 Quelle: https://www.futura-sciences.com/de/wie-lange-ohne-essen-ueberleben_6955/[20.04.22]
33 Quelle: https://de.wikipedia.org/wiki/Mohandas_Karamchand_Gandhi#Hungerstreik [02.05.22]
34 Quelle: Jocko Willink, Der Weg der Disziplin [2017] Seiten 159-161
35 Quelle: https://de.wikipedia.org/wiki/Appetit [20.04.22]

8.
Sexualität und Liebe

Nun sitze ich hier und bin bei einem Kapitel angelangt, vor dem ich mich bis jetzt glorreich gedrückt habe. Gedrückt habe ich mich davor, weil es mir so unglaublich peinlich ist und weil ich mich tierisch schämen würde, wenn meine engsten Leute von dem Kapitel erführen. Dennoch ist es ein Teil des Lebens, drum wird es auch behandelt. Vorab jedoch soll erwähnt sein, dass nicht alle meine sexuellen Erlebnisse und Interessen, eben aus dem oben genannten Grund, erwähnt werden.

Ich mag Frauen mit gebärfreudigen Hüften. Ich gaffe solchen Frauen regelrecht auf den Hintern und verspüre stets einen starken Drang, ihnen einen Klaps draufzugeben oder zuzugreifen. Sowohl ein pralles Gesäß in einer engen Jeans, bei der man die Form haargenau sieht, als auch ein Wackelpo in lockererem Material, bei dem das hypnotische Vibrieren des Ärschchens ungehindert zur Geltung kommt, was sehr schön ist, üben eine starke Anziehungskraft auf mich aus. Als ich in Afrika war, bot sich mir eine ganze Arschwelt in voller Pracht. Bei uns ist es ja so, dass es hin und wieder eine breitgesäßige Frau gibt. Dort schien es, als sei fast jede üppig, als sei üppig der allgemeine Grundtypus, den, wenn auch in unterschiedlich starker Ausprägung, jede hat. Die Hintern der Schwarzen Menschen standen auch immer nach hinten ein wenig ab, wodurch die Üppigkeit ihrer Ärsche natürlich noch mehr ins Auge fiel. Gäbe es keinen Geschlechtstrieb, man könnte diese Pracht fast für eine Fehlbildung, in jedem Fall aber für ein unnötiges Anhängsel halten. Gewissermaßen ist es schon fast so, als würde sich die Schöpfung einen Scherz erlauben nach dem Motto: „Du glaubst mir nicht, dass ich in der Lage bin, etwas zu schaffen, was dir den Verstand raubt und gleichzeitig gar nicht notwendig ist? Da, sieh her, was für Kapriolen ich mir erlaube."

Als spräche der Arsch: „Sieh nur, wie schön ich bin. Bin ich nicht unwiderstehlich?" Ob die einladenden Hinterteile unserer afrikanischen Zeitgenossinnen dazu führen, dass in Afrika mehr Beischlaf stattfindet als anderswo, was wiederum erhöhte Fallzahlen an Geschlechtskrankheiten bedingen könnte, mag unangebracht erscheinen, dennoch sollte dieser Zusammenhang angesichts der massiven Anziehungskraft erwähnt werden. Als wir im Dezember 2015 in Südafrika an Land gingen – vielleicht war es auch im Januar 2016 – liefen die Sängerin Korinna und ich gemeinsam rum. Wir gingen auch in eine Art riesiges Gebäude, das voller Läden war. Als wir in einem Laden drin waren, hielt Korinna inne und blickte geradeaus. Auch ich blieb stehen und folgte ihrem Blick. Dann sagte sie: „Das ist so ein richtiger afrikanischer Arsch." Ich war völlig überrascht, das von ihr zu hören. Der Hintern, den sie meinte, war tatsächlich schön, prächtig voll, mit breitem Becken, sodass die Hose fast riss, obwohl die Afrikanerin schlank war. Und ja, er hatte auch dieses typisch afrikanische Element des „Abstehens". So interessant dieses Gesäß auch war, verstand ich nicht, wieso unsere Korinna ausgerechnet dieses erwähnte, schließlich war es *bei weitem* nicht das einzige Vorzeigekotköfferchen, das sich uns darbot. Jedenfalls hatte also auch Korinna nicht nur diesen üppigen Hintern, sondern eben auch die afrikanische Form im Allgemeinen bemerkt, und wenn sie das erwähnte – ich meine, sie hätte es ja nicht müssen, sie hat ja damit angefangen –, dann musste ja was an meiner Theorie, dass andere Ethnien oft andere Ärsche haben, dran sein. Im Übrigen sind es mehr als nur die Hüften, die diesen Figurtypus ausmachen. Auch haben sie straffe, stehende, nach vorne ausgerichtete Brüste, die man nur als Zitronenbrüste bezeichnen kann mit sich stark abzeichnenden, kräftigeren, härteren Brustwarzen als die meisten weißen Frauen. Natürlich sind auch ihre Warzenvorhöfe dunkler, meist von einem tiefen Rot. Ihr schlendernder Gang wirkt trotz eines eleganten Federns immer ein Stück weit schwerfällig, könnte aber auch am reduzierten Tempo liegen. Dass die Lippen dicker sind, ist ja klar. Für einen Europäer sind ja die Schwarzen Menschen Bürger*innen eines Staates, wie in

dem Fall von Südafrika, automatisch erstmal ein zusammenge-
höriges Volk. Dem ist jedoch nicht so, in Südafrika beispielsweise leben zahlreicheMenschen aus den umliegenden Staaten,
hinzu kommt noch, dass Südafrikaner nicht gleich Südafrikaner
ist. Viele verschiedene Ethnien bewohnen das Land. „Südafrikaner" zu sein ist also eine politische, keine ethnische Geschichte.
Das hat mir ein einheimischer Taxifahrer erklärt. Beeindruckend
war, dass er vom Sehen wusste, ob bestimmte Leute Ausländer
waren. Dazu kommt noch, dass er auch sagen konnte, *woher* wer
kam. Auf jeden Fall war es ein Erlebnis, durch die Straßen zu
gehen und alle sind schwarz. Schwarz zu sein ist dort der Normalfall, man fiel also als Weißer auf. Wir waren das ja anders gewohnt. Insofern eine neue Erfahrung. Übrigens rannte ich gestern vom Einkauf zurück. Es geht so einen kleinen Berg hoch,
wo ein paar Bars sind. Vor der einen Bar sehe ich recht häufig
eine Dame, die eine mixed person ist[36]. So auch gestern. Ob sie
direkt da wohnt, oder was mit dem Laden zu tun hat, weiß ich
nicht. Gestern ging sie gerade an einen Tisch. Sie stand also und
so zeichneten sich sehr deutlich ihre unbedeckten Brustwarzen
ab. In dem Moment fiel mir ein Phänomen auf, das unbedingt
an dieser Stelle, an der gerade die afrikanischen Brustwarzen behandelt wurden, erwähnt werden muss:

ÖFFENTLICHER BH-VERZICHT

Er ist mittlerweile zum regelrechten Trend geworden. Kaum
steht der erste warm-sonnige Tag des Jahres vor der Tür, laufen
an jeder Ecke viele Frauen ohne BH rum. Öffentlich, wohlge-
merkt! Können Sie sich erinnern, seit wann das so ist? Ich glaube nämlich nicht, dass es in unseren Breiten schon lange der Fall

---

36 „Mixed person" bezeichnet Personen mit einem weißen und einem
schwarzen Elternteil

ist. In meiner Schulzeit lief keine so rum. Ach, was hätte ich dafür gegeben! Mir wäre wahrscheinlich der Schädel vor Geilheit geplatzt. Das erste Mal, dass es mir aufgefallen ist, war als ich in den Fluren unserer Hochschule auf Mara stieß und sah, dass ihre Nippel unter ihrem Oberteil krass zu sehen waren. Das Irre daran, es grenzt an Ironie, Mara war *auch* eine mixed person. Und sie hatte, wie einst ein Kommilitone fand „den geilsten Arsch der Hochschule." Sie hatte wirklich einen guten Körper, sowohl Brust- als auch Po-technisch, jedoch ob es wirklich der geilste Hintern war, ist fraglich. Ihr Po war allerdings nicht typisch afrikanisch! In Kombination mit ihrem Becken wirkte er trotz seiner knackigen und sehr festen Erscheinung feminin. Alles in allem hatte ihr Hinterteil etwas von einer Sportlerin. Leider kam ich nie in den Genuss diesen zu berühren. Übrigens war sie umgänglich, fast schon cool. Ich hatte sie immer gerne um mich. Sie kann auch gut Blues singen. Da diese Nippelsichtung höchstwahrscheinlich noch zu der Zeit stattfand, als ich an der Hochschule eingeschrieben war, kann es frühestens im Sommer 2016 gewesen sein. Wahrscheinlich war es im Spätfrühling 2017. Um diese Zeit kam es dann auch zu meiner nächsten Nippelsichtung und zwar mit einer ausländischen Malerin mit relativ kleinen Brüsten. Aber dass es wirklich so zum Brauch wurde, ist denke ich erst 2019, frühestens 2018 passiert. Es ist ja nicht so, dass ich kein Verständnis dafür habe, dass der BH lästig werden kann. Allerdings sieht man die Brüste und Warzen *so* deutlich, dass ich einfach das Gefühl nicht loswerde, dass sexuell provoziert werden will, bzw. manche den BH-Verzicht nur als vorgeschobenes Argument für ihren heimlichen Exhibitionismus missbrauchen.

Nun wieder zurück zur allgemeinen Sexualität. Wenn ein Hintern mich interessiert, mustere ich ihn nach Möglichkeit sehr genau und oft. Dabei ist die sonstige Schönheit der Besitzerin zweitrangig. Auch eine hässliche Dame kann mich mit ihrem Gesäß in ihren Bann ziehen. Interessant sind besonders die Extremfälle. Das heißt, wo ein üppiger Po an einer Frau dran ist, die zu einer Gruppe gehört, bei der man das nicht vermuten würde, also zum Beispiel bei einer ganz schlanken oder einer sehr sportlichen Frau. Der Entdeckungsmoment, in dem man sieht, dass eine, von der man es nicht dachte, einen breiten, runden Arsch hat, ruft regelrechte Glücksgefühle hervor. Das passiert vor allem, wenn man das Gesicht zuerst sieht. Wenn eine Dame ein sehr schlankes Gesicht hat, aufsteht, sich umdreht und eine gebärfreudige Kehrseite präsentiert, ist es der Wahnsinn. Reife Damen mit dickem Hintern sind unglaublich. Omas mit breitem, aber formschönem Gesäß sind eines der geilsten Phänomene der Welt. Ich hatte schon ein paar Mal das Vergnügen den weichen Arsch älterer Damen zu tätscheln und kann es nur jedem empfehlen. Im Winter spätestens werde ich wieder die Gelegenheit dazu kriegen. Darauf freue ich mich schon das ganze Jahr. Omis sind lockerer drauf beim Grapschen und lassen es durchgehen. In meinem spezifischen Fall handelt es sich um eine tolle Frau (allerdings keine Oma) aus meiner Verwandtschaft, deren Gesäß ich schon seit dem Ende meiner Kindheit liebe. Ich bereue, dass ich nicht schon in meiner Jugend ihr breites Becken erforschte, aber ich bin froh, dass ich überhaupt damit angefangen habe. Besser spät als nie, sagt man ja. Ich erinnere mich noch sehr gut an das erste Mal und denke gerne daran zurück. Es war an Weihnachten 2018. Wir waren bei ihr zu Hause eingeladen. Während die anderen im Esszimmer saßen, besuchte ich sie in der Küche, wo sie gerade mit etwas hantierte. Obwohl ich ja wusste, dass sie üppige, gebärfreudige Hüften hatte, war ich sozusagen wieder neu erstaunt, als ich an diesem Tag merkte, wie prächtig ihr Arsch *wirklich* ist. Sie hatte eine dunkelblaue, marineblaue Hose an, die eng anlag, allerdings nicht so eng, dass ihre Schenkel in ihrer Entfaltung gehemmt wurden. Wobei ich denke, dass die meisten Sachen bei ihr eng lagen, weil ja ihr Hintern so viel ausfüllte. Ganz zufällig streiften meine Hände im Vorbeigehen ihren Po. Sie sagte nichts. Also wurde ich etwas frecher und streifte etwas eindeutiger über eine längere Strecke, sodass klar war, dass es absichtlich geschehen war. Als sie es immer noch zuließ, machte mein Herz einen regelrechten Hüpfer. Bei einer der ersten Berührungen murmelte ich: „Tschuldigung." Sie wisperte kichernd: „Nicht schlimm." Wenn man erstmal weiß, dass man freie Bahn hat, macht sich eine Mischung aus Geilheit und Erleichterung breit. Nun legte ich erst einmal meine Hand mit der ganzen Handinnenfläche auf ihren reifen Po. Ach, war das herrlich! Ob ich zuerst einmal einige Male draufpatschte und sie dann liegen ließ oder umgekehrt oder nur patschte und nach einer Pause die Hand darauf ruhen ließ oder umgekehrt, weiß ich nicht mehr. Aber eines weiß ich: Es war ein tolles Gefühl ihre Hüften zu erforschen. Meine Hand und ihr Gesäß waren wie füreinander geschaffen. Es fühlte sich so an, als würden sie bei jeder Berührung miteinander verschmelzen. Bedenken Sie, dass die ganze Zeit die Verwandtschaft im Nebenzimmer saß und sich unterhielt. Einmal umarmte ich sie auch und legte dabei beide Hände auf ihre drallen Arschbacken. Ich genoss den Moment und erhöhte den Druck hin und wieder. Eine herrliche Mischung aus Kuscheln und Geilheit! Als wir einmal nebeneinander gehend den Raum verließen und ich ihr einen kleinen Klaps auf den Hintern gab, gab sie mir auch einen. Das überraschte mich, ich genoss es. Als ich ihr, ich glaube, einen Arm um die Schultern legte und sagte, dass sie einen „schönen Boppes" habe, war sie tierisch geschmeichelt. Sie lachte leise und ihr Blick schweifte kurz verlegen durch den Raum. Sie reagierte richtig niedlich. Ich war froh, ihr das Kompliment gemacht zu haben, weil sie sich so freute. Als ich sie liebevoll in den Arm nahm, nannte ich sie „mein Kleines". Dann küsste ich sie auf den Kopf, nachdem ich mit der Hand über ihr Haupthaar streichelte. Als wir einander nahekamen und uns ansahen, schauten wir einander auch jeweils auf den Mund. Ich bin mir sicher, dass ich sie hätte küssen können. Vielleicht hätte sie den Kuss sogar erwidert. Leider habe ich das versäumt. Sie hatte übrigens dünne Lippen. Das will ich aber noch nachholen. Das Ziel wäre aber ein Zungenkuss. Ich glaube, das wäre ein unbeschreibliches, intensives Gefühl. Ich hoffe wir sind mal irgendwann allein. Ich glaube, da kann wirklich alles Mögliche passieren. 2019, also ein Jahr später, kam sie zu uns, weil meine Mutter Geburtstag hatte. Sie trug eine graue Hose, die natürlich in der Hüftgegend ordentlich spannte sowie Schuhe mit breiten, vielleicht vier cm hohen Absätzen, die

sie in der Wohnung anließ, wofür ich ihr sehr dankbar war, weil
es sehr schön aussah. Ich freute mich tierisch, da ich wusste, dass
sie mich wieder gütig ihren Hintern erkunden lassen würde. Allerdings war es diesmal viel schwieriger, weil alle in einem Raum
waren und jeder es gesehen hätte. Ich hoffte den Platz neben ihr
zu kriegen, was mir leider nicht gelang. Meine Mutter bestimmte wer wo saß und ich wollte ja „unerkannt" bleiben. Bei der
Platzverteilung begründete meine Mutter die Sitzwahl (es gab
verschieden breite und unterschiedlich stabile Stühle) für meine
wohlgeformte Verwandte damit, dass sie „viel Po" habe, worauf
diese laut auflachte. Ich war von unsäglichem Verlangen erfüllt
und dachte an nichts anderes mehr als daran, wie ich ihren Arsch
endlich massieren könnte. Sie saß um die Kurve und zwischen
uns saßen leider meine Cousine und meine Großmutter. Ich hatte einfach keine Chance. So ein Mist! Ich konnte ja nicht aufstehen, mich hinter sie stellen und ihren Po befummeln. Ich hatte ihren Hintern, natürlich so unauffällig wie möglich, seitlich
mal im Vorbeigehen berührt, aber das reichte nicht. „So nah und
doch so fern", das passte hier wirklich. Ich ärgerte mich sehr über
die Situation. Irgendwann ging dann meine Cousine und da ergab es sich, dass meine Verwandte direkt neben mir saß. Meine
Güte, war ich froh! Übrigens habe ich noch vergessen, dass ich
irgendwann an dem Abend, ich glaube, das war eher am Anfang,
meine Hand auf ihr Gesäß legte, während uns die Tochter einer
Freundin meiner Mutter sehen konnte. Die hat vielleicht Augen
gemacht! Zu der Zeit war sie so um die dreizehn. Das habe ich
völlig mit Absicht gemacht. Haha! Während wir also unserem
Familienplausch folgten, konnte ich im Blickschutz unter dem
Tisch in aller Ruhe heimlich ihren Po verwöhnen. Ich ließ meine Hand über ihren gesamten Hintern kreisen, was besonders
gut gelang, weil sie so saß, dass er hinter ihrem restlichen Körper
nach hinten vorragte. Sie hatte nämlich ihren Kopf auf der Faust
abgestützt, die gemeinsam mit ihrem auf dem Tisch liegenden
Ellbogen eine Stütze bildeten. Sie ließ wirklich alles zu. Ich wollte wissen, wie weit ich gehen durfte, weswegen ich nun vermehrt
auf der Höhe der Arschritze spielte. Völlig selbstverständlich

nahm sie es hin. Jetzt wanderte meine Hand nach unten, sodass meine Fingerspitzen an dem Übergang zwischen Gesäß und Stuhl angelangten. Ich war mir nicht sicher, ob hier schon ihr Arschloch war, jedenfalls konnte es nicht mehr weit weg sein. Erstaunt, dass sie auch das zuließ, übte ich nun abwechselnd Druck auf die Stelle aus und ließ dann wieder ein bisschen nach. Es funktionierte. Als ich ihr über den Rücken strich und dann seitlich über ihre Taille fuhr, wonach ich die Hand auf ihrem wunderschönen Hüftgold liegen ließ, seufzte sie kurz genervt. Sie mag diese Stelle, glaube ich an sich selbst nicht. Aber meine Hände unter dem Tisch auf die Innenseite der Schenkel der Verwandten zu legen, war in Ordnung. Ich fragte mich, ob sie mich auch zwischen ihre Beine lassen würde. Ich bereue es, es nicht versucht zu haben. Stellen Sie sich mal vor, Sie wären auf einer Familienfeier mit ihren Verwandten am Tisch und eine Verwandte, deren Hinterteil Sie schon seit frühester Jugend bewundern, lässt Sie durch Ihre Hose ihre Scheide streicheln. Was würde da durch Ihren Kopf gehen, hm? Die Sache mit der Verwandten ist, sie ist unglaublich devot. Sie lässt so gut wie alles zu. Ich kenne keine andere Frau, bei der das so stark ausgeprägt ist. Also, was ich das nächste Mal nachholen will, ist ihre Titten grapschen, ihr in den Schritt greifen, Zungenkuss, Po und Titten küssen, sowie Glied rausholen und anfassen lassen, Arschbacken berühren (also die nackte Haut) sowie Fotos machen und filmen. Das dritte, vierte, fünfte und sechste wird wahrscheinlich nur möglich sein, wenn wir allein sind. Obwohl ich sie sehr liebe und es hassen würde, wenn jemand ihr was zuleide tun würde, zieht in letzter Zeit öfter die Vorstellung durch meinen Kopf, wie ich ihren Kopf an den Haare halte und zärtlich, aber bestimmt mein Glied bis zum Anschlag in ihren Mund drücke. Es ist mir ein absolutes Rätsel wieso. Vor allem, wenn man bedenkt, dass sie mir stets nur Gutes getan hat und sie überhaupt das Gegenteil einer vorlaut-schnippischen Zicke ist. Alter Schwede, habe ich lange über die Verwandte geschrieben, heftig! Ich war auch bei diesem Thema sehr im Fluss. An den Tagen, an denen ich über ihren „Bobbes" (man weiß ja nie ob mit b oder p) schrieb, habe ich im Schnitt mehr

Sätze als sonst geschafft. Das liegt sicher daran, dass das Thema sehr viel Spaß gemacht hat. Vor kurzem ereignete sich eine äußerst komische Geschichte: Ich hatte vielleicht zwei Tage nicht gewichst und machte einen neun- oder zehnminütigen Mittagsschlaf. Als der Wecker klingelte und ich aufstand, war ich verblüfft, denn es kam mir von der Intensität des Schlafes her vor wie ein langer Nachtschlaf. Ich hatte in extremer Genauigkeit geträumt, dass ich mit Aurora, der Freundin einem meiner besten Freunde, intim geworden bin. Ich träumte sogar wie sie vor mir lag und ich sie mit kleinen Witzeleien und Kitzeleien zum Kichern brachte, damit sie ihre Beine öffnete damit ich sie lecken konnte. Obwohl Lecken in den meisten Fällen gar nicht mein Ding ist, ich mich sogar davor ekele und es nur wenige Frauen gibt, bei denen ich das gerne machen würde! Auf Aurora habe ich allerdings auch im echten Leben sehr Bock! Aber ein so detaillierter sexueller Traum, noch dazu um die Mittagszeit, ist mir echt noch nie untergekommen. Vor ein paar Tagen war mein Fokus zu Hause so schlecht, dass ich entschloss draußen zu üben. Es war circa acht Uhr morgens. Ich ging in den Weinbergspark, der ist bei mir um die Ecke und packte meine Trompete aus. Irgendwann entfernte sich eine junge Frau von einer Gruppe Jugendlicher und alter Erwachsener in Richtung Büsche. In dem Park keine Seltenheit, da viele Gruppen stundenlang dort sitzen und irgendwann mal jeder austreten muss. Sie geht also auf die Büsche zu und ich denke mir: „Sie geht bestimmt in die Büsche." bzw. ich bin so selbstverständlich davon ausgegangen, dass ich überhaupt nichts dachte. Doch genau *vor* dem Busch blieb sie stehen, zog Hose und Unterhose mit einem Ruck herunter, ging in die Hocke, streckte ihren Hintern weit raus, während sie sich auf ihren Knien abstützte und sich erleichterte. Jetzt gerade sitze ich beim Schreiben auch genau da, wo ich war, als diese Sache passierte. Ich schaue zu der Ecke und schätze die Entfernung auf 45 m, sie war also wirklich nah. Da sie sich auch umguckte, sah sie mich natürlich. Das heißt, sie war sich definitiv darüber im Klaren, dass sie beobachtet wurde. WIESO ZUR HÖLLE GING SIE NICHT 2 METER WEITER IN DIE BÜSCHE??? Mir fielen beinahe die Augen raus! Als sie fertig war, zog sie zuerst die Unterhose hoch, wobei sie sich erneut umblickte (ihr Gesicht war sowieso die ganze Zeit in meine Richtung gerichtet). Dann zog sie – warum auch immer – die Unterhose runter, um sie dann wieder mit Hose hochzuziehen. Dann ging sie wieder zu ihrer Gruppe, als ob nichts gewesen wäre. Mir fallen 4 Gründe ein, warum sie so handelte: 1. Sie hatte Angst vor Zecken. 2. Sie war betrunken. 3. Sie ist exhibitionistisch. 4. Es war ihr scheißegal, dass jemand sie sah. Ich denke, es war Grund drei oder vier. Übrigens gibt es bei mir im Viertel so eine leicht verrückte, alte Frau, die recht kommunikativ ist. Vor einigen Tagen, da war ich gerade im Park am Schreiben, als sie mich ansprach und mich bat, ihr Fahrrad unter einen Baum zu tragen. Ich machte es auch. Dabei fiel mir auf, dass sie gar keine schlechten Möpse hat, auch ihre Nippel konnten sich sehen lassen. Ich bereue es ein wenig, nicht kurz gegrabscht zu haben. Sie meinte dann noch, so etwas hätten nicht viele für sie gemacht etc. Und in der Tat, als sie mich fragte, zog mir Jocko durch den Kopf („*helping is beneficial*"), dann half ich ihr, wer weiß, ob ich es vor Jocko gemacht hätte.

Da mir bis auf eine Begebenheit gerade nichts anderes sexuelles einfällt, kommen wir zu einer Sache, die erbärmlicherweise im Leben vieler Menschen, so auch in meinem, eine Rolle spielt:

DIE ONANIE

Wo ständen Sie, lieber Leser, wenn Sie nie masturbiert hätten? Oder wenn Sie nie ungewollt, unkontrolliert masturbiert hätten? Wenn Sie sich *im Griff* hätten? Wenn ich an die zahllosen Momente denke, in denen ich vorm Rechner oder auch ohne abwichste, anstatt etwas Sinnvolles zu tun, etwas, das mich besser gemacht hätte, das ich mir vorgenommen hatte, etwas, das ich *wirklich* tun wollte, denke ich, ich wäre heute weiter. Wie oft ich mich schon unmittelbar nach meinem Höhepunkt beim Pornoschauen geärgert habe. Das ist echt „nicht mehr feierlich", wie man in meinem Dialekt so schön sagt. Ich habe mich geärgert, weil ich das ganze oft bis auf eine Stunde oder anderthalb anschwellen ließ. Irgendwann, wenn ich mal tot bin und jemand meine Blöcke durchforstet, wird er rausfinden können, wann ich anfing, diese Zeit als „Z.V." einzutragen, geschlängelt zu unterstreichen und nebendran mit einem traurigen Smiley mit der genauen Dauer der „Zeitverschwendung" zu beschriften. Eine bis anderthalb Stunden war keine Seltenheit! IST DAS ZU FASSEN? Anderthalb Stunden Pornos? Besonders ärgerlich war es, wenn es passierte, bevor ich mit meiner To-Do-Liste fertig war. Dadurch, dass ich nun *sah*, wie viel Zeit ich verschwendet hatte, wusste ich logischerweise auch wie viel später ich mit meinem Tagwerk fertig sein würde und das ist ein ganz schöner „Schmerz im Arsch", wie mein alter Lehrer mal sagte. Stellen Sie sich mal vor, Sie würden abends eine Liste mit Dingen, die Sie am nächsten Tag erledigen wollen, machen. Ihre Idee war, dass Sie um 18 Uhr fertig sein würden. Um 22 Uhr würden Sie ins Bett gehen. Wenn Sie von 18 bis 19 Uhr essen, haben Sie noch 3 Stunden zu Ihrer freien Verfügung. Wenn Sie sich dann noch selbstbefriedigen wollen, nur zu! Ist das nicht etwas ganz anderes, wie wenn Sie eigentlich um 18 Uhr fertig werden wollten, aber aus mangelnder Selbstbeherrschung vor Beendigung Ihrer Arbeit masturbieren, dadurch erst um 20 Uhr mit Arbeit und Essen fertig sind und statt 3 Stunden nur noch 2 Stunden zur freien Verfügung haben? Das war auch mein Fehler. Ich hatte mich selbst nicht im Griff und dadurch passierte es, dass ich abends tatsächlich wenig Zeit hatte, weil ich einfach im Verlauf des Tages Pornos geschaut hatte. Ein typischer Tag sah in meiner Studienzeit etwa so aus: früh aufstehen, fressen, in die HfM, üben, im schlimmsten Fall dort auch wichsen, zum Mittagessen je nach Raumbelegung entweder nach Hause oder in die Mensa, wobei ich zu Hause meist noch Mittagsschlaf machte und im dümmsten Fall wieder Pornos schaute. Danach wieder zur HfM üben, wobei ich mich beeilte durchzukommen, denn zu Hause warteten die Folgen einer Serie, die ich mir reinzog. Wenn ich zu Hause Mittag aß, guckte ich währenddessen auch schon eine Folge. Nach der abendlichen Glotzerei pennte ich dann irgendwann. Meine Fresse, wenn ich das jetzt so lese, könnte ich „stark" mit dem Kopf schütteln. Wie konnte ich verblendeter Sack wirklich ernsthaft behaupten, ich hätte keine Zeit? Zum Glück habe ich das dann im Verlaufe des Studiums geändert, sodass ich mich mittlerweile halbwegs im Griff habe. Aber hin und wieder erlebe ich meine verfluchten Niederlagen. Dann gehe ich widerwillig mit dem Laptop ins Bad, rufe zwei bescheuerte Foren auf, lese den Mist, den irgendwelche Menschen da von sich gegeben haben, den meisten Quatsch glaube ich sogar und masturbiere gegen meinen Willen. Erst heute war es wieder soweit. Habe ich mich geärgert! Dreißig Minuten verschwendet! Und das morgens! Die Niederlagen erleide ich eigentlich immer morgens. Jedes Mal nehme ich mir vor, es so schnell wie möglich zu tun, wobei ich vorher immer versuche, es ganz sein zu lassen. Das sind dann Siege. Die Siege fühlen sich wahnsinnig gut an. Meine Güte. Eigentlich ist es so: Wenn ich es schon nicht sein lasse, dann ohne Laptop, das dauert nämlich nur fünf Minuten. Doch ich versaue es. Naja, immerhin bin ich ja wie gesagt von den Pornos weg und das schon seit zwei Monaten. Unsere Gesellschaft ist in dieser Hinsicht, vorsichtig gesagt, *äußerst* fragwürdig unterwegs. In den Medien wird über jeden Käse debattiert, die Pornosituation jedoch, die *alle* betrifft, wird unterm Strich ausgeklammert. Stattdessen wird Masturbation gepriesen, wenn sie überhaupt erwähnt wird. Es ist unverantwortlich in den Schulen nicht darauf aufmerksam zu machen, dass Pornos eine Droge und nichts anderes sind. Es wird wahrscheinlich nicht erwähnt, weil keiner das Gesicht verlieren will. Tja, wie wäre es dann mal mit Aufhören, he? Geht nicht? Kriegt ihr nicht hin? Wie auch, wenn ihr Junkies seid?!Ich habe ja keinen Plan davon, was in der Medienwelt abgeht, aber ich kenne es ja noch von früher, mal eine Talkshow geschaut oder einen Blick in die Zeitung geworfen. Mittlerweile habe ich mich längst für ein „uninformiertes" Leben entschieden. Alles was ich mitkriege, sind die drei (oder vier oder fünf) Schlagzeilen, die ich beim

Einloggen in mein Emailpostfach auf der Gmx-Starseite sehe und auch das meist nur aus dem Augenwinkel. Gestern erst erlebte ich wieder eine Niederlage sondergleichen. Und es ist immer dasselbe hinterher. Man ist vom Pfad abgekommen und ist wieder ein Stück schlechter, als man gewesen wäre, hätte man sich beherrscht und wäre auf dem Weg zur „besten Version seiner selbst" geblieben, wie es der gute, alte Jocko formuliert hat. Eine unfassbare Grütze war das gestern. Es war viel zu viel zu tun, als dass ich mir diesen Anfängerfehler hätte erlauben können. Ich fühlte mich richtig mies und natürlich wurde der Druck größer, weil die Erledigungen wegen der Zeitverschwendung logischerweise in einen kürzeren Rahmen gepresst werden mussten. Es ist ewig her, dass ich nicht alles erledigt habe, bevor ich mein Schwert niederlegte, aber gestern war es wieder so weit. Ich habe KNAPP anderthalb Stunden (!) zu wenig komponiert! Anderthalb Stunden! Ich habe nur sieben Stunde und achtundfünfzig Minuten gearbeitet. Eine große Gefährdung des Wochenziels! Es hätten mindestens circa acht Stunden und fünfundvierzig Minuten sein müssen. Die guten Wochen haben meist einen üppigen Montag, mit oft über zehn Stunden. Das funktioniert gut, weil wir montags ja immer Straßenmusik mit dem Bassisten Bob machen und das sind immer zwei Stunden, wobei mich die Arbeit danach immer sehr viel Überwindung kostet. Also, je weniger ich wichse, je öfter ich mich beherrsche, desto mutiger und sicherer werde ich, desto mehr Zeit habe ich, desto weniger Selbstzweifel habe ich, was Leute natürlich dazu veranlasst, positive Signale zurückzusenden. Was ich noch nicht hinkriege ist Frauen anzusprechen. *Noch* nicht! Das wird schon. Sollte sich das ändern, wird das natürlich hier erwähnt werden.

Also mein Fazit zur Onanie: Die normale Onanie kann, muss aber nicht Selbstzweifel verstärken. Onanie mit Pornos führt jedoch so gut wie immer zu Sucht, Selbstzweifeln, Zeitverschwendung und – was ganz besonders tragisch ist – einer Schmälerung oder gar dem völligen Verlust der gesunden, schönen, *echten* Sexualität. Nicht die Onanie an sich ist das Problem, sondern die psychischen Nebenwirkungen und es *zu tun, ohne es zu wollen.* Wenn man bedenkt, wie kurz es die Bildaufnahmetechnik erst gibt, können unsere Gehirne überhaupt darauf vorbereitet sein, so viele Pornos zu konsumieren? Es gibt so dermaßen viele Pornos, so sau viele verschiedene Frauen, vor allem im Amateurbereich, wie zum Henker kommt es, dass ich keine – NICHT EINE – kenne, die in einem mitspielt? Das Einzige, das näherungsweise in die Richtung ging, war ein Foto, das ich vor ein paar Jahren zu Gesicht bekam. Es zeigte eine junge Frau, ich weiß noch nicht mal sicher, ob sie schon achtzehn war, ich glaube es fast nicht, die ein paar Jahre lang morgens den selben Schulbus wie ich nahm. Sie war oben ohne, hatte *heftige* Möpse und blickte lasziv in die Kamera, während sie einen von diesen saulangen Dildos festhielt. Ob sie daran saugte, weiß ich nicht mehr, könnte aber gut sein. Der Dildo war schwarz oder zumindest dunkel. Man sah auf dem Foto nur ihren Oberkörper, also keine Genitalien. Mir war nie aufgefallen, dass sie große Brüste hatte, daher haute mich das Foto auch so um. Auch die Brustwarzen waren recht ordentlich, hart und gut ausgeprägt. Sie war ziemlich genau in meinem Alter. Ich glaube sie hieß Larissa. Ich hatte eigentlich immer mehr auf ihre große Schwester geachtet. Die hatte nämlich einen Wahnsinnsarsch. Der stand stark nach hinten ab und sie präsentierte ihn keck einer engen Hose. Ich glaube, das war so eine Art Jeans ohne Taschen, was ja wirklich saugeil ist. Da wird die Form derart betont, dass man echt keine Chance hat als Beobachter. Die ältere hatte einen deutlich dunkleren Teint, braune Augen und blonde Haare, während die jüngere blasser war, braune Haare und blaue Augen hatte. Eigentlich waren die Locken ihre einzige Gemeinsamkeit. Angesichts der Menge an Pornos, die ich geguckt habe, ist es fast ein Wunder, dass mir nichts mehr zur Onanie einfällt.

LIEBE

Viele Frauen hatte ich nicht. Über drei Monate hatte ich keine mehr. Schon seit Jahren habe ich keine Freundin mehr. Ich glaube seit acht oder neun Jahren. Es macht mir nichts aus. Höchstens in den Momenten, in denen ich dran denke oder wenn ich dran erinnert werde, z. B. durch den Anblick eines Paares in einem besonders harmonischen Moment. Aber das ist ja nur ein Teil einer komplexen Beziehung zwischen zwei Menschen. Ich bereue nur das Ende einer einzigen Partnerschaft, aber darauf komme ich noch zurück.

Das Erste, was ich wohl im Rahmen der Sexualität erwähnen kann, ist ein Erlebnis, das ich mit der Tochter einer befreundeten Familie meiner Eltern machte. Ich schätze sie war vier oder fünf, ich fünf oder sechs. Irgendwann während des Aufenthaltes in unserem Haus gingen sie und ich in mein Zimmer. Ich hatte so eine Modelleisenbahn mit Schienen aus Holz, die ich ihr zeigte. Irgendwie waren wir beide irgendwann nackt. Ich erinnere mich noch daran, dass ich den Schlitz zwischen ihren Beinen bemerkte. Bevor wir wieder nach unten zu den anderen gingen, mussten wir uns wohl wieder angezogen haben, denn unten war alles wieder ganz normal. Sehr unangenehm wurde es dann, als uns unsere Eltern fragten: „Was habt ihr denn gemacht?" und wir einfach, „Nichts!", antworteten. So unangenehm, dass ich es jetzt noch spüre, wenn ich dran denke. Schon beeindruckend, wie lange man sich so was merkt. Randy (so hieß der Vater, ich weiß aber nicht mehr, ob die Kleine nicht von einem anderen Mann war) und seine Frau zogen irgendwann recht weit weg. Nach Jahren sah ich das Mädchen wieder, schätze sie war um die elf und ich vielleicht zwölf, schwer zu sagen. Da wussten wir genau, was dem jeweils anderen durch den Kopf zog, als sich unsere Blicke trafen.

Ich: „Ob sie noch weiß, dass wir uns damals ausgezogen haben?"

Sie: „Ich sehe ihm an, dass er sich an die Sache von damals erinnert. Oh nein, ist mir das peinlich!"

Sympathisch waren wir einander schon. Mein Bruder erzählte mir vor ein paar Jahren, dass er auch mal ein Mädchen aus unserem Bekanntenkreis auszog. Wir kennen sie schon unser ganzes Leben lang. Das lässt vermuten, dass viele Menschen in jungen Jahren ähnliche Erfahrungen machen. Wissen Sie, ich bin mir ziemlich sicher, dass alle Leute so eine Situation in ihrer Kindheit erlebten, speziell jene ohne andersgeschlechtliche Geschwister. Aber zu diesen Themen ist im seriös-wissenschaftlichen Teil des Netzes nichts zu finden. Die Wahrheit zeigt sich nur in Foren, wo Leute anonym von ihren Erlebnissen berichten. Ich weiß gar nicht mehr, ob ich sie damals auszog oder jeder sich selbst. Ich glaube auch, dass wir einander gar nicht berührten. Es kann sogar sein, dass wir, sobald wir nackt waren, ganz normal mit der Eisenbahn weiterspielten. Es ist wirklich verwunderlich, dass ich das nicht mehr weiß.

Ok, Leute, ich habe mich geirrt, es gibt zwar einen Wiki-Artikel zu „Infantile Sexualität"[37], doch habe ich den ganz bewusst nicht komplett, sondern nur die ersten Sätze gelesen. Ich bin nur so weit gekommen, dass es Thesen gibt, die kindliche Asexualität abstreiten und dass Freud behauptet, Menschen seien von Geburt an sexuelle Geschöpfe. Es kann ja jeder von Freud halten, was er will, aber er hat die Forschung auf seinem Gebiet wirklich heftig beeinflusst, sowie es in den Künsten manchmal derart einflussreiche Innovatoren gab/gibt/geben wird, dass Kritiker und Historiker oft die jeweilige Kunstform in die Zeit vor und nach diesem Künstler einteilen. Es ist fast schon so, als ob durch den Innovator zwei verschiedene Künste entstehen. Nach allem, was mir lesetechnisch so unter die Finger gekommen ist, scheint Freud ein solcher Umdenker gewesen zu sein. Ich weiß zwar so gut wie nichts über Freuds Leben, aber ich wette, dass er mit massiven Anfeindungen und Widerständen zu kämpfen hatte, sowohl im fachlichen als auch im öffentlichen Bereich.

---

37 Quelle: https://de.wikipedia.org/wiki/Infantile_Sexualit%C3%A4t
[20.04.22]

So ist es oft bei Leuten, die etwas Neues einführen, sowohl in der Kunst als auch in den Wissenschaften. „Wahrheit gilt erst als Lüge, dann als Verschwörung und kommt dann in Mode." So lautet ein chinesisches Sprichwort, das ich in Kenny Werners *Effortless Mastery* gelesen habe und EINFACH GERADE NICHT FINDE, FUCK! Worauf ich hinaus will, ist, dass sich Stile und Weltanschauungen meistens durch einige wenige Innovatoren ändern, die es überhaupt nicht einfach haben, weil sie zuerst angefeindet werden, und ihre Neuerungen dann, im schlimmsten Fall erst nach ihrem Tod, zum neuen Standard werden, an dem sich alle oder zumindest sehr viele orientieren. Ok, jetzt habe ich das Zitat gesucht und gefunden. Oben habe ich frei aus dem Kopf übersetzt, jetzt hier nochmal das Original:

„Truth starts as heresy, grows into fashion and decays into superstition[38]."
„Wahrheit beginnt als Irrlehre, kommt in Mode und verfällt im Aberglaube."

Wie finden Sie den dritten „Schritt"? Den hatte ich komplett vergessen. Der ist aber doch gerade der geilste! „Decays into superstition." Drei Assoziationen hat der Satz in mir geweckt: Natürlich musste ich an Stevie Wonder denken wegen seines gleichnamigen Hits, an den Decay-Regler am Keyboard und an Allmacht. Allmacht deshalb, weil für mich der bemerkenswerte Teil des Zitates, nämlich, dass die Verschwörung zur Mode wird, schon vorbei war. Ich hätte dem nichts mehr hinzuzufügen, dann aber kommt „decays into superstition". Bäm! So muss Lektüre für mich sein. Sie muss diesen Erweiterungseffekt haben, sodass man nach dem Lesen schlauer ist als vorher. Übrigens, wo wir gerade ein chinesisches Zitat hatten, gestern bin ich, als ich obiges Zitat suchte, noch auf ein anderes, auch aus China gestoßen:

---

38 Quelle: Kenny Werner, Effortless Mastery [1996; S. 88]

„There are only two ways to reach the truth – with literature and agriculture.[39]"

() Ein schönes Gefühl der Bestätigung breitete sich in mir aus, obwohl ich doch mittlerweile recht oft lese. Warum ausgerechnet Landwirtschaft, erschließt sich mir nicht ganz. Vielleicht weil man dort stark mit der Härte der Brotarbeit und den direkten Folgen des eigenen Handelns sowie von Unbeständigkeiten wie Unwettern etc. konfrontiert ist.

Meine Güte, bin ich da wieder abgeschweift! Eigentlich ging es ja um kindliche Sexualität bzw. um Sexualität. Jetzt fällt mir ein, ich könnte auch über Sexualität im Allgemeinen schreiben, aber lassen wir das. Wie kann ich schon wissen, was bei anderen abgeht? Bis dann ernsthaft etwas mit Mädchen lief, dauerte es glaube ich noch ziemlich lange. Natürlich war ich hin und wieder in Mädchen verliebt, aber ich hatte keine Freundin. Ich hielt auch nicht Händchen oder so. In der Grundschule war ich ziemlich verliebt in Luisa. Das fing schon im Kindergarten an. Im Gymnasium war ich in verschiedene Mädchen verliebt. Und dann entwickelte sich natürlich irgendwann mein Geschlechtstrieb, in meinen Augen eine entscheidende Veränderung in unser aller Dasein. Kinder sind ganz anders als Erwachsene. Der Geschlechtsrieb verändert uns grundlegend. Die Griechen haben schon recht, es gibt verschiedene Arten der Liebe. Der Geschlechtstrieb ist auch was ganz anderes als die „verliebte" Liebe. Das Mädchen, in das ich verliebt bin, ist kein Gegenstand sexueller Fantasien. Nichts läge mir ferner, als mir beispielsweise vorzustellen eine Frau, in die ich verliebt bin, in den Arsch zu ficken oder irgend so eine perverse Gülle. Ich sehe auch, wenn ich an sie denke, nicht ihre Brüste und ihren Hintern, sondern lediglich ihr Gesicht vor meinem inneren Auge. Es scheint tatsächlich um den Menschen zu gehen. Ich respektiere dann die Person. Eigentlich habe ich über dieses Phänomen viel zu selten

---

39 Quelle: https://www.idlehearts.com/325139/two-ways-reach-truth-literature-agriculture [20.04.22]

mit anderen Männern gesprochen. Die griechische Sprache unterscheidet also zwischen eros, philia und agape, zwischen Geilheit, Freundes- und Partnerliebe, sowie der Liebe zu Gott (Agape kommt aus der Bibel, das wusste ich gar nicht), wobei unter die vorletzte auch die Liebe zu Sachen oder Tätigkeiten fällt[40]. Diese Einteilung finde ich sehr sinnvoll und deckt sich mit meinen Erfahrungen und Beobachtungen.

In einem Sommerferienlager lernte ich Lotte und Fentje kennen. Fentje sah besser aus. Lotte war nicht sonderlich gutaussehend. Die Guteste hatte relativ starke Akne. Ihre Familie stammte aus der Ukraine Heute würde ich nichts mit ihr anfangen. Fentje, Lotte und einer meiner Freunde, ich glaube es war Mirko, fingen an miteinander abzuhängen. In einer Nacht krochen Mirko und ich aus dem Hinterteil des Zeltes raus (sonst wären wir aufgeflogen) und schlichen uns ins Zelt von Fentje und Lotte. Ich redete lange mit Lotte und legte glaube ich meinen Arm um sie, also so, dass ihr Kopf auf meiner Schulter lag. Wir lagen ja auf dem Rücken. Ich spielte mit ihren Haaren und ich glaube, ich riskierte auch, bei ihr zu pennen. Morgens muss man dann aber tierisch aufpassen, weil die Betreuer einen ja wecken. Das hieß ich musste entweder wieder in meinem Zelt sein, bevor die Betreuer ihre Runde machten, oder mich verstecken, während die Betreuer in Lottes Zelt kamen, wobei ich in letzterem Fall davon ausgehen musste, dass sie noch nicht in meinem Zelt waren, sonst würde es Ärger geben. So kam es glaube ich auch. Ich pennte bei ihr, morgens wurde angeklopft, ich verschwand unter der Bettdecke, und eilte dann in mein Zelt. Jetzt, wo ich das so im Kopf durchgehe, kommt mir das aberwitzig riskant vor. Nach den Ferien telefonierte ich manchmal noch mit ihr. Schon lustig, das war noch die Zeit, wo man übers Festnetz anrief. Das heißt zuerst war ihre Mutter dran und die gab mir dann Lotte. Heute wäre mir das fast peinlich, aber damals war das so.

---

40 Quelle: https://de.wikipedia.org/wiki/Liebe#Art_des_Liebesobjekts [20.04.22]

Schon verrückt, es gab ja auch eine Zeit, da hat man alles per Brief gemacht. Mein Technik-Lehrer hat mir erzählt, dass in seiner Kindheit der Nachbar zu ihnen rüberkommen musste zum Telefonieren, weil er gar kein Telefon hatte. Circa einmal die Woche sah ich Lotte noch, wenn sie in unserer Nähe in den Bus einstieg. Sie war an der Nachbarschule und musste in Richtung Bous. Als ich ihr dann irgendwann am Telefon meine Gefühle gestand, stellte sich heraus, dass sie diese zwar nicht erwiderte, aber sie behauptete, sie hätte mal welche für mich gehabt. Immerhin! Somit war das dann gegessen.

Dieses Sommerferienlager ist eine Sache, an die ich gerne zurückdenke. Ich war sogar zweimal dort. Es lag zwischen Bordeaux und Biarritz in einem kleinen Ort namens Molièts. Wahrscheinlich habe ich es falsch geschrieben. Vielleicht machen sie diese Fahrten immer noch, ist schon eine gute Sache, speziell für junge Leute. Es ging los mit einer wirklich bombastischen Busfahrt. Ich glaube, sie dauerte mal ungelogen achtzehn Stunden! Ist das denn zu fassen, dass wir als kleine Knirpse diese Qual in Kauf nahm? Ich bin jetzt siebenundzwanzig, wenn mir heute einer was von achtzehn Stunden Fahrtzeit erzählen würde, wäre ich schneller außer Reichweite, als Charlie Parker spielen würde, wenn er mal vernünftige Drogen nehmen würde! Furchtbar! Wissen Sie, ich habe einen Beruf ergriffen, der es erfordert, viel zu reisen, mit anderen zu arbeiten und nachts zu spielen. Welche zwei Dinge hasse ich? Nachts arbeiten und lange fahren.

Was genau nach Lotte kam, weiß ich nicht mehr. Ich hatte ja sowieso nur kurze Zeit lang „etwas ernstes" am Laufen. Meine zahllosen Kurzschwärmereien kann ich aufgrund der Tatsachen, dass ich die Reihenfolge nicht mehr im Kopf habe und dass es ja ewig dauerte, bis wirklich was passierte, nicht alle erwähnen. Intensiv verliebt war ich mal in eine Anke von der Nachbarschule. Sie stieg immer in unseren Bus am Weg nach Hause ein. Irgendwann war ich bei Theo, meinem damaligen besten Freund, und fasste den Mut, sie anzurufen. Die Nummer hatten wir, wie damals noch üblich, aus dem Telefonbuch. Sie war *dermaßen* wortkarg, dass das Telefonat sehr kurz war. Es war nur ein: „Ja.

Hallo, ich bin der und der und ich bin in dich verliebt." Oder so und dann ein „Ah" und dann „Jo, ciao." und „Ciao." Kurz und schmerzlos. Ein paar Jahre später hatte ich an der Nachbarschule Deutsch und Religion mit ihr. Sie war klein, geschminkt, sah nicht gut aus, hatte so gut wie keine sekundären Geschlechtsmerkmale, war allerdings auch nicht männlich gebaut und hatte eine tiefe Stimme, die gar nicht zum Rest passte und Ankes bloßer Anblick auch gar nicht vermuten ließ. Sie sprach wenig, lachte nie, und ich kann mich nicht erinnern, dass sie je eine Unterhaltung angefangen hätte Ich fragte mich wirklich, was mit ihr falsch war und konnte echt nicht verstehen, wieso ich sie damals anrief. Ja ich bereute es gar, weil mein Anruf ihr die Möglichkeit gegeben hatte, durch ihre Abweisung Genugtuung zu empfinden, gesetzt der Fall, dass sie diese empfand. Sie war mal eine Freundin meiner ehemals besten Freundin gewesen, die mir Jahre später das letzte, was ich je über Anke erfuhr, erzählte: „Ihr Freund verbietet ihr zu studieren." Heftige Sache! Finden Sie es nicht auch verwunderlich, dass diese Anke das mit sich machen ließ? Wie viele Frauen in Ihrem Bekanntenkreis würden sich eine derartige Bevormundung gefallen lassen und vor allem: *Wie lange?* Sicher nicht viele, oder?

So weit ich weiß, war das noch in der Zeit vor dem ganzen Rumgewichse. Theo verließ unsere Klasse zum Halbjahr der siebten Klasse oder sogar nach der sechsten, ich denke es war in der sechsten.

Die Wichserei veränderte mich. Mein erster Pornokonsum verstörte mich sogar. Ich weiß noch genau, wie ich damals zu unseren Nachbarn ging, die bis heute ganz besondere Freunde der Familie sind. Sie wohnten zuerst neben uns, dann circa einen knappen Kilometer weiter auf derselben Höhe und schließlich vielleicht anderthalb Kilometer weiter im Tal. Danach, als die Kinder schon raus waren, zumindest der Größte, zog die Mutter mit ihrem neuen Freund, den sie später heiratete, in ein Haus. Es befindet sich im Nachbarort und sie haben es selbst gebaut mit vielen Verwandten zusammen, sie haben ja eine große Familie, da geht das. Die Mutter wollte, dass ich auch helfe, aber das habe ich hart abgelehnt. Im Nachhinein bin ich über meine Direktheit erstaunt. Heute würde ich zumindest mal hin und wieder zwei Stunden helfen. Ich habe das Haus nur von außen und vom Garten aus gesehen, da ich nur in der Bauphase da war und damals sollte man irgendwie nicht rein. Ziemlich heftig, wenn man bedenkt, dass sie schon ein paar Jahre drin sind. An jenem Tag war ich also in ihrem zweiten Wohnsitz zu Besuch, dem auf derselben Höhe, und irgendeiner machte dann YouPorn (ist ja mittlerweile aus der Mode gekommen) an. Ich erinnere mich genau, wie eine Asiatin sich einen schwarzen Dildo reinschob. Es war, als ob plötzlich ein heftiger Ruck mein geistiges Zentrum durchfuhr. Eine Art Fassungslosigkeit gepaart mit einer schrecklichen Tunnelblick-Geilheit bemächtigte sich meines Hirns. Wir schauten noch einen, in dem zwei Frauen auf eine Party gingen und dort dann irgendwann nackt waren. Ich glaube der Film spielte in London. Vielleicht würde ich den noch finden. Ich habe Abertausende Pornos geschaut, deswegen ist die Tatsache, dass ich mich noch so gut daran erinnern kann, *sehr* bezeichnend! Pornos sind eine Gefahr! Und unsere Gesellschaft damit verseucht! Unsere Jugend ist verdorben, unsere Werte fehlgepolt, unser Geist verwirrt, unser Empfinden abgestumpft, unsere Liebe erkaltet, und unsere Sicht getrübt, ja gar verklärt. O tempora, o mores! („O Zeiten, oh Sitten!") kann man da nur sagen.: Eine fast unkontrollierbare Geilheit sowie gelegentlich romantische Gefühle für ein Mädchen, das waren zwei Zustände – die ich, wie wahrscheinlich mehr oder weniger jeder in der Jugend – durchlebte. Meine Güte, was diesen Aspekt angeht, war ich wirklich ein Tor. Das gebe ich zu. Ich wäre besser, hätte ich damals widerstanden. Aber hinterher ist man immer schlauer. Das hat mal ein Freund zu mir gesagt, aber ich glaube, es ist eigentlich ein Sprichwort.

Also, wie gesagt, bestimmt vergesse ich leider die ein oder andere Sache. Eine Zeit lang war ich in Juna, das sportlichste Mädchen der Klasse, verliebt, ich denke sie wusste es und wartete darauf, dass ich einen Schritt machte, allerdings möglich, dass sie mich abgewiesen hätte. Ihre Freundinnen hatten eigentlich nichts mit mir zu tun. Eigentlich war sie auch sehr anders als ich, aber ich glaube sie mochte meine Art. Ich würde ihr gerne heute über den Weg laufen. Sie hatte auch einen Körpertyp, der genau das Gegenteil von dem ist, den ich an Frauen so liebe, speziell der dicke Arsch fehlte ihr. Sie hatte keine breite Hüfte, kaum Brust, war schlank, ihr Hintern war sehr knackig und nach hinten abstehend (Cellulite frei), aber eben nicht typisch weiblich. Ihr Bauch gefiel mir auch. Sie war Schwimmerin, aber auch die schnellste und ausdauerndste Läuferin aller Mädchen der Klasse. Ein französischer Austauschschüler wusste um meine Verliebtheit und fragte sie mal, wie sie mich fände. Heutzutage schmunzele ich über diese Manöver der Jugend. In diesen Jahren ist die Geschlechtlichkeit eine wichtige Sache, für viele gar das ein und alles. Sie schrieb: „János ist manchmal ein bisschen …, aber sonst ganz ok." Das Wort, wo die Pünktchen stehen, habe ich leider vergessen. Mist! War es kindisch, komisch, anstrengend, stressig, nervig? Es war auf jeden Fall etwas Negatives. Dann hat sie noch bemängelt, dass ich „halt nie" was in der Freizeit „mit den anderen" mache. Hier muss stellvertretend für eine kleine Minderheit ein Einschub erfolgen und zwar zum Thema:

MUSIKERDASEIN IN SCHULZEITEN

Liebe Juna, was soll man tun? In der Schulzeit hatten wir von 07:55–13:10 (mindestens) Unterricht, dann noch insgesamt eine Stunde Busfahren, natürlich noch in der Summe um die dreißig Minuten Fußweg und Warten. Jetzt sind wir bei sieben Stunden und fünfudvierzig Minuten. Hausaufgaben dreißig Minuten bis Stunde und zwanzig Minuten, jetzt sind wir bei mindestens acht Stunden und fünfzehn Minuten. Die Mahlzeiten circa Eine Stunde fünfundvierzig, jetzt es sind zehn bis zehn Stunden und fünfzig Minuten. Mittagsschlaf (den habe ich damals ja oft gemacht) circa fünfundzwanzig Minuten dann sind es circa elf Stunden. Nachtschlaf (ich war ja damals noch unwissend) acht Stunden. Das macht siebzehn Stunden. Jetzt sind noch sieben

Stunden übrig! Umziehen, noch sechs Stunden fünfundvierzig Minuten. Zähne putzen und Toilette, noch sechs Stunden. Üben circa zwei–vier Stunden. Das heißt zwei bis vier Stunden, liebe Juna, hätte ich streng genommen noch gehabt. Ich bin selbst erstaunt, dass es so viel ist, allerdings ist das der Optimalfall, den ich errechnet habe. Es gab ja auch Schultage bis 14:05, oder mal musste ich zum Trompetenlehrer nach Saarbrücken, außerdem kommt ja noch die Fahrtzeit dazu, die ich zum Treffpunkt fahren müsste, wodurch die zwei bis vier Stunden schnell *stark* schrumpfen würden. Also wie Sie sehen, lieber Leser, es ist für Jugendliche, die ein Hobby betreiben, das täglichen Einsatz erfordert, äußerst schwer unter der Woche noch etwas anderes zu machen. Möglich schon, aber schwer. Ich machte hin und wieder was mit Freunden, aber wirklich nicht oft. Manchmal bin ich ins Schwimmbad gegangen, oft auf Drängen meiner Eltern hin. Heute weiß ich ja, wie gut Sport und gerade auch Schwimmen ist und bereue, dass ich keinen Sport gemacht habe. Gut, nun wieder zurück!Worunter ich wirklich ein bisschen litt, war die Tatsache, dass Mädchen in der Schule oft deutlich ältere Jungen als Partner wählten. Es ist schon bemerkenswert, wie früh Mädchen sich entwickeln. Meine Güte, ich wundere mich immer darüber, dass Eltern ihre Kinder so früh so frei rumlaufen lassen. In diesem Sommer zum Beispiel sind mir einige junge Mädchen unter die Augen gekommen, die bauchfrei, also wirklich bis zu den Rippen frei und dann nur in so einem breiten Stoffstück, das die Brust und den Rücken, nicht aber die Schultern und die Arme bedeckte, rumliefen. Somit war es quasi ein abgeschnittenes Top! Kleidungsbegriffe wie Bluse, Top oder Stiefeletten verwirren mich. Kein Plan, was was ist. Sweatshirt? Hä? Shorts? Wie jetzt? Mist, jetzt wollte ich noch ein drittes Kleidungsstück hinschreiben und dann „Bitte, was?", aber mir fallen jetzt natürlich nur Kleidungsstücke ein, die ich kenne. Ob diese jungen Damen es machen, um mehr angeschaut zu werden und sich dadurch besser zu fühlen oder sich wie eine Frau zu fühlen, die Wahrscheinlichkeit erhöhen wollen, angesprochen zu werden, es nachmachen, weil sie es in den Medien vorgelebt kriegen, ihre

Eltern ärgern wollen oder es einfach Mode ist und sie sich dabei gar nichts denken, wer weiß das schon?

Die wahre Antwort liegt aber in der Tatsache, dass *heutzutage schon Kinder pornografisiert* werden. Ob Sexualkunde in der Schule schon so früh unterrichtet oder gar ausschließlich den Eltern vorbehalten sein sollte? Um das gut zu beantworten, müsste ich Vater sein. Sexualkunde wird im Laufe der Schulzeit drei oder viermal unterrichtet. Wie wäre es, wenn sie einmal weniger die Geschlechtlichkeit und einmal mehr den Jazz unterrichten würden? Als Sexualkunde bei uns das erste Mal drankam, waren wir in der Grundschule. Unsere Lehrerin hatte ein großes Pappbild, das zwei nackte Erwachsene nebeneinander zeigte, vor der Klasse aufgestellt. Wir konnten so wenig damit anfangen, dass ein Freund und ich uns sowas von schlapp lachten, dass wir nach einer heftigen Ermahnung einfach weiterlachten. Auch auf der weiterführenden Schule musste ich noch lachen. Wie ich wohl reagieren würde, wenn ich mich heute in den Sexualkundeunterricht von Grundschülern hocken würde? Es ist schwer zu sagen, wann und ob die Kinder aufgeklärt werden sollten. Wie gesagt, ich habe aufgrund meiner Kinderlosigkeit nicht die Autorität dazu etwas Gutes zu sagen. Ich denke sie sollten von der öffentlichen Seite aus aufgeklärt werden, aber nicht ganz so früh, eventuell Mädchen und Jungen getrennt und Jungen später. Eigentlich sollten es die Eltern machen, aber es würde auf jeden Fall Familien geben, die das nicht auf die Reihe kriegen würden, drum macht es der Staat. Irgendwann fasste ich den Mut Juna anzurufen. Sie war diejenige, die abhob. Ich sagte etwas wie: „Hi!" Sie auch. Ich sagte ihr, dass ich ihr gerne mal was sagen würde. Sie sagte, dass das ginge. In dem Moment spürte ich, dass es funktionieren könnte, dass sie auch Interesse hatte und sollte sie ablehnen, sie immer noch stolz aus der Situation hervorgehen könnte. Doch dann kam es ganz anders. Ich sagte: „Ich glaube, ich sage es dir doch lieber wann anders." Obwohl ich noch sehr jung war, denke ich, dass mein bzw. unser Leben anders verlaufen wäre, wenn ich ihr meine Liebe gestanden hätte, sonst denke ich das nur von einer, höchstens zwei anderen Frauen. Darauf kommen wir noch zurück. Ich hätte mega Bock Juna mal wieder über den Weg zu laufen. Gerade, weil sie so anders war. Ich glaube, es wäre eine interessante Verbindung geworden. Sie war ja eher so der sportliche (ich der musische) Typ. Außerdem war ihr Körperbau wie gesagt nicht sonderlich mütterlich. Ich weiß nicht mehr ob es vorletztes oder letztes Weihnachten war, auf jeden Fall hatte ich im Rausch so eine Art Vision, dass ich sie treffen müsste. Natürlich habe ich es nicht gemacht. Ich wette, sie würde sich aber freuen. Naja! Ich weiß noch, wie ich sie mal im Unterricht anschaute. Sie war schräg vor mir und merkte es natürlich. Irgendwann sagte sie: „Guck nicht so!" Als wir noch ganz jung waren, lange bevor ich in sie verliebt war, gab ich ihr mal ein Eisbein. (Ein Eisbein ist ein mit dem Knie ausgeführter Tritt an die Stelle seitlich über dem Knie. Die Folge ist ein saustarker Schmerz, der allerdings schnell vergeht. Zum Glück!) Juna hat geweint. Es war aber schnell vergessen und keine große Sache. Ein paar Jahre später gab es einen kleinen Klapps auf ihren Knackpo. Sie reagierte recht heftig, indem sie verlangte, dass jemand mich schlug. „Arno!", forderte Juna, „Schla mo de János!" Als letztes ist mir über sie zu Ohren gekommen, dass sie, als sie mit einer Freundin nach Spanien reiste, in ein Einzelzimmer wollte. Als diese verwundert nach dem Grund fragte, kam raus, dass die gute Juna plante, jeden Tag von einem anderen Mann verwöhnt zu werden. „Und das hat sie dann auch gemacht!", schloss meine damals beste Freundin ihren Bericht ab. Ist das nicht herrlich, dass Juna einen Mann nach dem anderen ranlässt? Meine Ex beste Freundin ist allerdings ein verlogenes Ding, daher weiß man nicht, was jetzt stimmt. Einmal gab es in der Klasse einen riesigen Zwist, einen „Mordsbeef", es war irgendwie so, dass alle Mädchen einander plötzlich hassten. Wir checkten gar nicht wirklich was abging. Es ging sogar so weit, dass uns unsere Lehrerin in die Aula brachte. Wir fragten uns, was wohl jetzt abgehen würde. (Gerade habe ich sogar mit dieser alten Lehrerin telefoniert, das war interessant.) Als wir dann in der Aula waren – man ist ja als Schüler immer froh, wenn der Unterricht ausfällt – sagte die Lehrerin: „Jeder stellt sich jetzt bitte zu dem oder denen, mit denen er sich am besten versteht." Wir waren ganz schön überrascht, aber es war ja nichts Schlimmes, also leisteten wir Folge. Es war völlig natürlich, dass ich mich zu Theo und Leo stellte. Es müsste eigentlich schon die sechste, nicht mehr fünfte Klasse gewesen sein, denn Mirko bat mich in seiner übelsten Assi-Sprache, mich zu seiner Gruppe zu stellen, und zu den etwas heftigeren Leuten, wie Mirko ja einer war, gehörte ich ja erst später. Nachdem sich dann alle positioniert hatten, schaute sich die Lehrerin unsere Formation mit prüfendem Blick an. Jetzt kommt das Entscheidende: Dadurch, dass jeder vor den Augen des anderen, sozusagen „öffentlich" zur Schau stellte, zu wem er gehört, konnte die Lehrerin davon ausgehen, dass es der Wahrheit entsprach. Man muss zugeben, dass es gar nicht so dumm von der alten Schachtel war. Der Grund, warum sie diese Versammlung initiiert hatte, war, dass meine Ex beste Freundin dermaßen viel Zwietracht gesät hatte, in dem sie dauernd anderen Mist erzählt hatte, dass sich selbst gute Freunde (bzw. Freundinnen, es waren ja die Mädchen) miteinander stritten. Im Klassenraum kam danach raus, dass sie es war. Sie weinte dann. Daher ist nicht sicher, ob Juna tatsächlich so eine durchtriebene Sau ist, aber wir können es hoffen. Als wir mal Wandertag hatten, kam unsere Lehrerin mit der nächsten geilen Idee. Anstatt einen Ausflug irgendwohin zu machen, hatte sie eine Therapeutin engagiert, die mit uns so Gruppenspiele, die den Zusammenhalt fördern, machte, wahrscheinlich damit sich das Klassenklima verbesserte. Die Spiele waren auch interessant, einmal zum Beispiel sollten wir gemeinsam einen Stab halten. Jeder durfte nur einen ausgestreckten Finger zur Hilfe nehmen. Die Innenseite des Fingers musste dabei nach oben zeigen und darauf lag dann der Stab. Nun sollten alle versuchen, das Ding gemeinsam zum Boden abzulassen, ohne Hilfsmittel oder die andere Hand, wirklich nur mit diesem einen Finger. Lieber Leser, Sie glauben gar nicht *wie* schwer das war, bzw. wie *unfähig* wir waren, denn – das denken Sie wohl gerade auch – es müssen ja nur alle mit dem Arm runter. Natürlich! Wieso funktioniert es kaum? Weil wir zu wenig aufeinander achteten, weil wir uneinig waren. Überzeugen Sie sich selbst, wir waren damals vielleicht 4–8 Leute an einem Stab.

Die nächste wirklich intensive Phase war mit Annette. Sie war in der Parallelklasse und vor meinen Gefühlen habe ich sie eigentlich gar nicht so recht bemerkt. Mir fiel lediglich auf, dass sie so spezielle Schuhe anhatte. Da dachte ich, sie sei leicht punkmäßig drauf. Später erfuhr ich, dass es Doc Martens waren. Als wir dann in der Oberstufe waren, hatten wir ein paar Kurse zusammen. Sie spielte sehr gut Gitarre und nahm auch am selben Wettbewerb wie mein Bruder und ich teil. Wir kamen automatisch ins Gespräch. Die letzte Runde des Wettbewerbs fand in Essen, wo wir uns auch über den Weg liefen, statt. Sie wirkte auf so gut wie alle Männer sehr anziehend. Sie hat eine gute Figur, eine ganz schmale Taille, ein weibliches Becken, null Cellulite, wirklich bemerkenswert, mittlere Brüste, die genau richtig geformt waren, zumindest damals war es noch so. Irgendwann war ich dann mal bei ihr zu Hause. Es war kurz vor den Sommerferien oder sogar in den Sommerferien. Wir spazierten rum. Ihr Bruder kam mit. Ich übernachtete bei ihr und sie erzählte mir allen möglichen Kram, unter anderem, dass sie schon mit dreizehn einen deutlich älteren Freund in Frankfurt gehabt hatte, zu dem sie immer hingefahren war. Einmal habe er sich dann neben ihr einen runtergeholt. Auf die Frage ob sie sein Glied angefasst hatte, behauptete sie: „Ich weiß es nicht." Wissen Sie, bei Frauen kann man sich nie so ganz sicher sein. Ich habe oft das Gefühl, dass sie einem irgendeinen Müll vorspielen oder sogar lügen. Direkte Konfrontation funktioniert ja schon mal gar nicht. Ganz im Ernst, welcher Mensch weiß nicht mehr ob er die Genitalien eines anderen berührt hat? Annette hat wahrscheinlich sogar sein Glied bis zum Höhepunkt gerubbelt und jede Bewegung genossen, so sieht es nämlich aus! Ha! Auf direkte Fragen hin spielen Frauen ihre Sexualität meist herunter und verschweigen auch einige Inhalte. Der Grund ist, dass sie nicht schlecht dastehen wollen. An sich kann ich das gut verstehen, wer will das schon? Frauen sind Meister darin, sich zu verstellen und Informationen zu verbergen. Vielleicht muss es so sein, weil sie sich so vor den Gefahren der körperlichen Überlegenheit der Männer schützen können. Jetzt könnten Sie als wachsamer Leser ja Begründungen einfordern, wie ich darauf komme, dass Frauen sich verstellen. In den Internetforen schreiben Frauen heftiges perverses Zeug, oft sogar sehr vulgär. Da könnte man dagegenhalten, dass man ja gar nicht wissen kann, dass es auch wirklich Frauen sind, die da schreiben. Stimmt! Doch wie wahrscheinlich ist es, dass tausende perverse Frauenkommentare allesamt von Männern stammen, die sich dachten: „Hm, was mache ich denn heute so? Setz ich mich halt mal an den Rechner und tue so als ob ich eine Frau wäre." Was wäre denn der Beweggrund, sich in einem Bereich zu verstellen, der anonym ist, wo daher sowieso keiner „was zu befürchten" hat. In Ordnung, lassen wir das mal so stehen. Aber da gibt es immer noch die Pornowelt! Millionen von Frauen machen allen möglichen Schwachsinn mit. Und es sind keine bezahlten Profis, nein, es sind ganz normale Frauen.

Zurzeit lese ich ein wirklich unterhaltsames Buch von Maxi Wander[41] dessen Konzept für mich komplett neu war. Es besteht aus Berichten verschiedener Frauen von sechzehn bis dreiundvierzig (bin gerade bei der Hälfte, weiß nicht, ob dreiundvierzig das höchste Alter war), doch ohne, dass die Autorin zu Wort kommt. Es sind sozusagen Interviews ohne Fragen. Jede Frau berichtet ein paar Seiten über ihr Leben und ihre Ansichten, indem sie von der Autorin interviewt werden, allerdings sind ihre Fragen nicht abgedruckt. Genannt werden ihre Vornamen, Alter, Familienstand und die Anzahl ihrer Kinder, weswegen es halbanonym ist. Jedenfalls erwähnen die Damen auch ihre Sexualität und da gibt es zum Beispiel eine, die zugibt, dass sie heimlich auch mit anderen Männern als ihrem Gatten schläft und dass sie diesen Teil ihres Daseins verbirgt, weil sie weiß, dass ihr Mann andernfalls öffentlich schlecht dastehen würde (S. 61). Dann erwähnte sie noch, dass es eigentlich nicht die Männer wären, die mit

---

41 Quelle: Maxi Wander; Guten Morgen, Du Schöne [1978]

derartig emanzipiertem Verhalten nicht zurechtkommen würden, sondern Frauen, die hinter vorgewandten moralischen Bedenken in Wirklichkeit Neid empfänden (S. 61). Eine andere sagte auch, dass sie immer mehrere Männer brauchte. Einen für den Geist, einen für die Seele und einen für den Körper. Einer, so meint sie, hätte schwerlich alle drei Bereiche abdecken können (S. 21).

Wir können davon ausgehen, dass die Frauen ehrlich waren, da sie sowohl außerhalb ihres Umfeldes sprachen als auch wussten, dass ihre Identität nicht verbreitet werden würde.

Jetzt haben wir schon drei Anhaltspunkte, die auf eine sexuelle Umtriebigkeit der Frau gepaart mit guter Verschleierungskunst schließen lassen. Als Krönung sei hier noch erwähnt, dass ein indisches Zitat sogar so weit geht, zu behaupten, die Liebeslust des Weibes sei achtfach(!) stärker als die des Mannes[42]. Will man dem nachgestellten Zitat von Peter Altenberg Glauben schenken, so beschäftigen sich Frauen grundsätzlich mehr mit diesem Thema: „Der Mann hat eine Liebe: die Welt. Die Frau hat eine Welt: die Liebe."[43]

Ach du Grüne Neune, wir waren ja eigentlich bei Annette. Als wir von unserem Spaziergang zurückkamen, gingen wir in ihr Zimmer, wo wir Musik hörten etc. Es ergab sich dann wie gesagt, dass ich bei ihnen übernachten durfte und als wir nebeneinander lagen, gab ich ihr ein „Gute-Nacht-Küsslein" auf die Wange, wonach wir uns auf den Mund küssten. Ein magisches Gefühl entstand, das Raum und Zeit aufhob. Es war mein erster Kuss. Die gute Annette ließ mich auch ihre Brustwarzen lecken, hmm, darauf hätte ich mal wieder Lust. Auch ihren Hintern durfte ich anfassen. Sie ist einfach ein sehr lockerer Mensch, ach, Annette, wenn wir uns je wiedersehen, dann lass uns bitte rummachen. Mittlerweile bin ich etwas gefestigter, da würdest du auch nicht „Wie weit runter willst du denn noch gehen?" fragen, wenn ich meine Hände in Richtung deiner Scheide lenke.

---

42 Quelle: https://www.bk-luebeck.eu/sprichwoerter-indische.html [20.04.22]
43 Quelle: https://www.aphorismen.de/zitat/4114 [20.04.22]

So war es damals in der Nacht, ihren Busen, Bauch, und Bobbes durfte ich mir gönnen. Erst als ich kurz vorm Genital war, stoppte sie mich mit dieser Frage. Als meine damals recht ausgeprägte Wichserei zur Sprache kam, meinte sie etwas wie: „Ich kann mir gar nicht vorstellen, wie es ist, sich dreimal (oder hatte ich viermal gesagt, haha!) am Tag einen runterzuholen." Treue zwischen Mann und Frau sah sie kritisch. Bei unserem nächsten Treffen saßen wir irgendwann unter ihrem Bett. Sie hatte so ein Hochbett und darunter waren ein Sofa und ein Tisch. Vorher hatten wir den Moonwalk ausprobiert etc. Wir mochten beide Michael Jackson, der kurz vorher oder kurz nachher gestorben ist. Ich war ja erst durch meinen Bruder zum Fan geworden, der ihn wenige Monate vorher „entdeckt" hatte. Wir zeigten einander Musik. Ich zeigte ihr Arturo Sandoval. Irgendwann küssten wir uns. Es war etwas verwunderlich, wie spät es geschah. Wir lagen gerade aufeinander, da kam ihr kleiner Bruder rein. Als er uns so sah, fragte er leicht verlegen: „Was macht ihr denn?" Es war herzergreifend, weil er noch unverdorben war. Die Frage kam ganz von selbst. Er hatte eigentlich irgendein anderes Anliegen. Das war unsere letzte Zusammenkunft in Eintracht. In der Nacht, in der sie vom Urlaub heimkam, (sie war zweimal im Urlaub gewesen), war ich abends auf einem „Klassentreffen" (wenn man das bei einer Handvoll Leute so nennen kann) gewesen und rief Annette an, als ich angetrunken wieder zu Hause war. Im Verlauf des Gesprächs nannte ich sie „Fotze". Dann war es mehr oder weniger hinüber. In unserem nächsten Telefonat bat ich um einen Abbruch in sozialer und sexueller Hinsicht. Verrückt eigentlich, dass sie nicht die erste war, die den Vorschlag machte. Sie sagte allerdings, dass sie dasselbe getan hätte, hätte ich es nicht getan. Der Hauptgrund dafür sei „die Unreife" gewesen. Ja, kommt, Leute, ey, wenn zwei Sechzehnjährige was miteinander anfangen und die Dame sogar noch ein paar Monate älter ist, wie könnte es da anders sein? Wieso hat sie sich überhaupt auf irgendetwas eingelassen?? Auf jeden Fall war sie die erste, mit der ich was hatte. Die Gefühle, die ich für sie empfand, waren recht stark und erstreckten sich über einen Zeitraum von insgesamt wahrscheinlich 0,75–1,5 Jahren. Annette hatte etwas sehr Anziehendes an sich. Im Prinzip zieht sie jeden Mann an. Schwer zu sagen, ob mir jemals eine Frau begegnet ist, dem dieses Element in derart starker Ausprägung zu eigen gewesen ist wie ihr. Ob diese Eigenschaft bei Berühmtheiten gehäuft anzutreffen ist? Es wäre denkbar. Sie hatte kleine, glänzende Härchen auf dem unteren Rücken und den Unterarmen, die in der Sonne glitzerten. Hmm.

Vor kurzem habe ich was gelesen, worin einer vorkam, der behauptete, dass er sich schnell verliebe.Rückblickend kann ich sagen, dass ich mich darin wiedererkenne. Bei einem Wechsel der sozialen Umgebung entstand meistens auch eine neue Verliebtheit. Wie es wohl anderen Leuten in der Hinsicht gehen mag? Zwar glaube ich, dass es sehr vielen ähnlich geht, dennoch werde ich gerade bei jenen Frauen, die schnell aufeinanderfolgend einen neuen Partner haben mit nur sehr kurze Pausen dazwischen, das Gefühl nicht los, dass sie gar nicht verliebt sind, beziehungsweise gar keine Liebe im Spiel ist, auch wenn es so aussieht oder so getan wird. Mir scheint, dass sie einfach nur wieder was Neues (unten rein) brauchen und deshalb so kurz „ledig" sind. Nach Annette (Ende war im Sommer) kam dann die Orchesterfahrt ins wunderschöne Kanada. Daran denke ich sehr gerne zurück, es war vielleicht mein schönster Auslandsaufenthalt, besser noch als Moliéts. Sie hatten damals die Tour großartig organisiert. Es kann sogar sein, dass wir einmal innerhalb Kanadas flogen. Wir besuchten die Westküste: Montreal, Québec, Toronto und Ottawa. Ottawa war sehr schön. Québec erinnerte sehr an Frankreich. Die Stadt war am gemütlichsten. Sie erinnerte mich an den Geruch, der aus französischen Konditoreien strömt, aber Ottawa war am schönsten. Auf Orchesterfahrten passiert immer ein Haufen Zeug. Ich interessierte mich für ein paar der Mädchen. Wir hatten ja ein paar gute. Irgendwie ergab es sich, als wir wieder zurück waren, dass die Geigerin Pacita meine Freundin wurde. Sie war meine erste offizielle Freundin, die erste geschlechtsreife Person, deren Scheide ich berührte. Meine Güte, diese ganzen Sachen! Sie war auch die erste, die mir einen blies und mir einen runterholte. Schön war es in ihrem Elternhaus. Man konnte sich wohlfühlen. Einmal versuchten wir auch miteinander zu schlafen. Es haute mich nicht um. Wir schafften es allerdings nicht bis zum Schluss. Unser Verhältnis hätten wir uns sparen können, weil wir nicht ineinander verliebt waren. Wenn weder das Geschlechtliche extrem viel Bock macht noch beide einander lieben, dann kann man getrost drauf verzichten. Ein Jahr oder so bevor Pacita und ich zusammenkamen, rief ich sie mal an. Da war ich gerade bei einem Freund in der Stadt, in der wir zur Schule gingen. Kurz nach dem Telefonat schrieb ich ihr, dass ich sie liebe. Gerade merke ich, dass ich mit der Zeitrechnung durcheinanderkomme. Also, zuerst war eine normale Orchesterarbeitsfahrt irgendwo in unserer Region, in der ich mich (auch wenn ich das Gefühl heute bezweifle) in Pacita verliebte. In den Tagen danach schrieb ich ihr diese SMS. Dann dauerte es ein paar Tage und Pacita schrieb, dass es nix wird. Nein! Mist!, Kanada war ja auch noch davor… So war es: Frühjahr Arbeitsfahrt, Anruf, Absage von Pacita, Sommer Annette, Herbst Kanada, Winter Pacita. Genau! Hoffe, es stimmt! Einmal tat ich Pacita etwas sehr Schlimmes an, was mir sehr leidtut. Pacita, bitte vergib mir, dass ich dich damals mal eine Stunde an der Haltestelle habe warten lassen und das nur, weil ich mich von meinen „Freunden" derart beeinflussen habe lassen, dass ich mich zu spät auf den Weg machte. Heutzutage wäre das undenkbar, sowohl bei normalen als auch bei mir nahestehenden Leuten. Keiner verdient es, dass er warten muss. Jeder sollte sein Bestes geben, um den anderen nicht stehen zu lassen, wenn er sich schon die Mühe macht, pünktlich zu sein. Soll nicht heißen, dass ich noch nie unpünktlich war, doch kann ich wirklich sagen, dass ich es nach Kräften immer versuche und leider beobachten muss, dass viele Leute das nicht ernst genug nehmen. Wieso nicht diese im Berufsleben selbstverständliche Eigenschaft auch in anderen Bereichen anwenden? Wir waren ca. zweieinhalb Monate zusammen, das war mein Rekord.

Können Sie sich das vorstellen, lieber Leser? Zweieinhalb Monate waren mein Rekord!

Unsere Beziehung war nicht sonderlich toll. Es war schon ok, aber naja. Wissen Sie, Pacita war in meinen Augen keine Frau, die man(n) gerne präsentiert oder mit der man stolz rumgelaufen wäre. So ist es aber in einer guten Partnerschaft! Zu der Zeit war dann irgendwann mal meine damals beste Freundin Nina bei mir zu Hause. Ich war irgendwie geil auf sie und als sie auf einem Stuhl vor meinem Rechner saß, fragte ich sie, ob ich mich direkt hinter sie setzen dürfe, was sie bejahte. Irgendwann lagen wir auf meinem Bett, wo ich versuchte meinen Mund auf ihren zu pressen, doch sie wich immer aus, in dem sie ihren Kopf wegdrehte. Es entstand ein kleiner Kampf, in dem ich sozusagen ihren Mund jagte. Da sie wirklich schnell und geschickt auswich, musste ich eine andere Strategie wählen. Als sie wieder mit dem Gesicht zur Wandseite auswich, ich lag seitlich auf ihr, also auf der Raumseite, legte ich meinen Kopf auf die andere Seite, wandte ihr das Gesicht zu und bewegte meinen Mund so eng am Bett und dann über ihren Hinterkopf, danach an ihren Wangen entlang, dass sie nicht mehr ausweichen konnte, weil ihr Kopf ja schon maximal in eine Richtung gewandt war, vorher hatte ich sie ja sozusagen „frontal" also von oben attackiert. Endlich fand mein Mund ihren. Nun kooperierte sie. Irgendwann hatte sie mein Glied in der Hand und wichste. Es fühlte sich perfekt an. Nina kann so geil wichsen. Dabei küssten wir einander munter. Es war wie in einem Rausch. Bevor ich kam, sagte ich: „Schneller!" Sie wichste schneller und dann sagte ich: „Noch schneller!" Sie wichste noch schneller und ich hatte einen sehr geilen Höhepunkt. Meine Güte, wie geil das immer mit Nina war. Manchmal dachte ich, dass sie besser wichsen kann als ich. Als es rum war, beschlich mich ein irritierendes Gefühl. Wir gingen raus auf einen Feldweg, und rauchten eine. Eigentlich sind das gar keine Feldwege, sondern so gepflasterte abgezweigte Verlängerungen der Bürgersteige, die halt ins Feld reinführen. Es kann sogar sein, dass nur sie rauchte. Oder zu zweit eine? Sie fragte mich sinngemäß, was mir jetzt durch den Kopf ginge. Ich sagte in etwa, dass ich mich schon ein bisschen schlecht fühlte. Ich war ja damals noch mit Pacita zusammen.

Wissen Sie, mit der Geilheit ist es so eine Sache. Sie scheint uns, wenn sie in Erscheinung tritt, dermaßen intensiv heimzusuchen, dass sie fast immer die Oberhand gewinnt. Weit ist einer, der das im Griff hat, aber sowas von! Respekt, Bro! Nach unserem Orgasmus ist es so, als wäre ein Nebel weggezogen, der unseren Geist eingehüllt hatte, in besonders heftigen Fällen war er wie in Watte eingepackt, und erst danach merken wir, was für eine entsetzliche Bewusstseinstrübung voranging. Erst jetzt, wo unser Geist klar ist, können wir unsere vorangegangene Benebelung registrieren. Vor dem Höhepunkt können wir es uns höchstens intellektuell in Erinnerung rufen. Ist es nicht verwunderlich, dass wir in der Lage sind, alle möglichen technischen Höchstleitungen zu vollbringen und dennoch einem Beobachter von außen wie Spielbälle unserer Triebe vorkommen würden?

Ob es mehr als einmal zu sexuellen Handlungen mit Nina während der Beziehung mit Pacita kam, ist mir entfallen. Es ist gut möglich. Das Ende mit Pacita war heftig. Sie war bei mir und meine Eltern sollten sie an diesem Tag kennen lernen. Sie kochte Spaghetti. Das war geil. Während sie kochte, trank ich Asbacher. Vielleicht spielte ich am Anfang auch noch etwas Trompete. Soweit ich mich erinnere, nahm sie auch einen Schluck, zumindest roch sie daran. Als ich mich mit der Flasche in der Hand zur ihr an den Herd gesellte, sagte sie irgendwann ich solle aufhören zu saufen, was ich natürlich nicht machte. Es schien ihr echt wichtig zu sein. Mir kam es tierisch übertrieben vor, Grundgütiger! Ihr Gedanke war wohl: *„Wieso muss er sich besaufen?"* Vielleicht hatte sie auch an meine Eltern gedacht. In dem Fall war der Gedanke: *„Oh, mein Gott, das wird ja sau peinlich, wenn seine Eltern kommen! Und das gleich beim ersten Mal!"* Aber Leute, ich glaube nicht, dass das der Grund war. Peinlich wäre es doch eher, wenn *ihre* Eltern mich besoffen kennengelernt hätten. Das wäre nachvollziehbar. Also, und mein Gedanke war: *„Hä, ich hab doch noch gar nicht viel getrunken! Was soll das?"* Es war halt eine schöne Stimmung. Finden Sie, lieber Lesende, es etwa nicht geil, einen zu süffeln, wenn Ihr*e Partner*in am Kochen ist? Irgendwie war es naheliegend, etwas zu trinken. Auf jeden Fall hörte ich nicht auf zu trinken, was sie nicht guthieß. Als wir dann aßen, erwähnte ich das Vorkommnis mit Nina. Sie glaubte es erst nicht, doch als ich auch sagte, dass sie mich befriedigt hatte, kaufte sie es mir irgendwann ab und fing an zu weinen. Da war ich dann wohl angetrunkener, als ich dachte. Sie verließ das Haus und als sie rausging, schubste ich sie noch zusätzlich aus der Tür raus. Sie hatte bestimmt mal wieder irgendeinen Satz, der mich ärgerte, rausgehauen. Ich nahm ihr Handy und schmiss es auf den Bordstein. Dann watschelte Pacita zu einer Freundin, die nicht allzu weit weg wohnte. Sie muss ihr wohl entgegengekommen sein, denn als ich Pacita hinterherlief, war sie auch am Start. Es wurden kurz ein paar Worte gewechselt, danach ging ich zurück. Irgendwann später kamen meine Eltern heim. Meine Mutter war entsetzt, denn ihr tat Pacita leid. Kennengelernt haben sie sich nie. In den Wochen danach gab es noch Absprachen wegen des Handys und so weiter, aber unterm Strich war das das Ende. Nina und ich schliefen nun miteinander. Es war wunderschön. Sie wollte, dass wir ein offizielles Paar werden, was ich charakterlos ablehnte. Heute würde ich einwilligen. Manchmal frage ich mich wie mein Leben verlaufen wäre, wenn wir damals ein Paar geworden wären. Das hätte sicher einen entscheidenden Einfluss auf uns beide gehabt. Nina ist eher ein cliquen-, familien-, überhaupt sehr gruppenorientierter Mensch. Sie passt genau in den Typus, den ich im Kapitel Arbeit, war es, glaube ich, beschrieben habe: Mo-Fr acht Stunden Arbeit, es am Wochenende krachen lassen. Sie war sehr an Stabilität interessiert. Ein bisschen erinnert mich ihr Lebendaran, wie Arnold das Verhältnis mit einer seiner ehemaligen Freundinnen mal beschrieben hat. Sie war ausgeglichen und er war unausgeglichen; sie wollte ein normales Leben und er hasste die Vorstellung von einem normalen Leben. Als ich noch mit Pacita zusammen war, war Nina offiziell noch in Petrus verknallt. Sie fragte uns teilweise sogar um Rat. Dann, als daraus nichts wurde, hieß es, sie sei in mich verliebt, was ich ihr auch glaubte. Naja, also bumsten wir halt etc., während sie offiziell mit mir zusammen sein wollte, worauf ich allerdings verzichtete. Unter anderem weil einer meiner

Kumpels nicht mit ihr klarkam, sehr charakterlos von mir. Heute wäre mir das sowas von egal, das gibt es gar nicht. Nina, bitte vergib mir, unser Lebenhätte so anders verlaufen können!

Mann, wie ich es liebte mit Nina zu schlafen. Es war eines der geilsten Gefühle ! Vielen Dank, Nina! Vielen Dank, Universum! Eine einzige Gnade! Irgendwann kam der Wendepunkt und Nina verlangte Klarheit. Entweder wir wären offiziell ein Paar oder ich dürfte nicht mehr mit ihr schlafen. Das war dann um die Zeit, als Hamburg schon im Gespräch war. Ich weiß es noch genau. Nina war bei mir und verlangte eine Entscheidung. Ich lehnte das Beziehungsangebot ab und sie ging. Dann rief sie mich wenige Minuten später an und kam zurück. Dann passierte etwas, das ich nie begriffen habe: Wir trieben es nochmal miteinander! Ja, Alter, wir trieben es noch ein letztes Mal! Eigentlich war sie ja sauer, weil wir kein Paar werden würden, aber trotzdem kam es dazu. Die einzige glaubhafte Erklärung ist, dass sie es einfach aus Lust wollte und sie wusste, dass sie nicht schlecht dastehen würde. Oder wie sehen Sie das? Interessanterweise wollte ich hinterher doch eine Partnerschaft, als es dann von Ninas Seite zu Ende war.

Der Gedanke, mit jemandem zusammen zu sein, der nach Hamburg ziehen würde, missbehagte Nina allerdings dermaßen, dass sie nicht einwilligte. Das verwunderte mich. Sie wirkte wie jemand, dem es wirklich nur um die Gefühle ging, und dass sie dann da plötzlich so pragmatisch wurde, kam überraschend. Nach mir blieb Nina nicht lange allein. So war es immer nach all ihren Beziehungen. Sie war dann mit einem Christoph zusammen, den ich nie persönlich kennenlernte, der ihr aber scheinbar alles bieten konnte, was ihr an Normalität, Stabilität und „Sicherheit" (wenn ich das Wort schon höre!) interessiertes Hirn verlangte. Für Nina war es undenkbar aus ihrer Heimat wegzuziehen. Meine Güte, diesem Wesenszug begegnet man vor allem in meiner Heimat sehr oft. Wie kann man da wohnen bleiben, wo man herkommt? Neun Jahre älter ist er als sie! Ein Haus hat er. Also war er schon ein richtiger Erwachsener. Auch hier wieder heftig, dass Nina mit mir eine Affäre eingegangen war, war sie doch auch wie zuvor Annette älter und deutlich weiter in ihrer Entwicklung. Nina konnte übrigens ausgesprochen gut singen. Als wir mal einen Klassenausflug machten, muss in der sechsten Klasse gewesen sein, liefen Mirko und ich gerade neben ihr her, als sie ihr Handy zückte, einen Song anmachte und mitsang, allerdings *so* gut, dass sie genau wie das Original klang, was uns wirklich beeindruckte. Nina liebte Musik. Alkohol auch. Sie sagte mal zu mir: „Ich liebe Alkohol." In der Tat, sie trank oft. Sie war dann gut gelaunt, tanzte enthemmt und sang gerne mal bei „ihren" Liedern mit. Sie war eine typische Wochenend- und Urlaubstrinkerin. Meine Güte, mir kommen gerade fast die Tränen, wenn ich an alles denke. Dadurch, dass ich hier alles im Präteritum schreibe, fühlt es sich an, als wäre ich auf ihrer Beerdigung und würde etwas zu ihrem Tod sagen. Nina ist eine der wenigen, von denen ich glaube, dass sie vor mir sterben wird. Ich fühle, dass ich früh sterben werde. Es ist so schade, weil ich weiß, dass es ein paar Menschen gibt, die mich sehr lieben. Wäre es nicht tragisch, wenn Nina stürbe und auch bevor wir wieder Kontakt hätten, und ich würde aus Reue auf ihrer Beerdigung sprechen? Meine Güte, die Gefühle, die ich gerade durchlebe, sind dermaßen melancholisch und sentimental, das gibt es gar nicht. Ich denke gerade sehr viel an meine Freunde und die schönen Momente in der Heimat, die ich mit ihnen erlebte. Nun schrieb ich länger, als es mein Zeitplan erlaubt, hier muss ich stoppen. Nina mochte Alkohol. Sie war jedoch keine Alkoholikerin, das ist man nämlich erst, wenn man trinkt, ohne es zu wollen. Ihre eigentliche Sucht war die Musik. Vielleicht kennen Sie sich ja mit dem Medienkonsum junger Menschen aus. Vielleicht ist das ja bei allen so (dann wäre es ja „normal", jedoch in Wirklichkeit nichtsdestotrotz bedenklich). Allerdings zeigte mir Nani oft Musik, auch im Auto. Sie machte Musik ihrer Stimmung entsprechend an, schwer zu sagen, ob die Musik ihre vorhandene Stimmung noch verstärkte oder eine bestimmte Stimmung erzeugen sollte. Es könnte schon sein, dass es bei den meisten Jugendlichen so ist wie bei Nina. Wie oft erlebt man es, dass jemand von allen möglichen Songs jeden Text mitsingt? Den Fernseher machte

Nina komischerweise – sie hatte ja einen, schön platziert gegenüber vom Bett – von sich aus nicht an, wenn ich da war. Regelrecht drum bitten musste ich, damit sie sich darauf einließ, dass er angeschaltet wurde. Ein Fernseher im eigenen Zimmer war für mich als Mensch ohne Fernseher im Haushalt natürlich der Gipfel! Übrigens rauchte Nina. Eigentlich ist es nicht so gut, das zu erwähnen, denn es wirft ein falsches Licht auf sie. Sie werden Nina jetzt anders einordnen als sie wirklich ist. Hier stoßen wir auf ein Problem, auf das Schriftsteller angeblich oft stoßen. Obwohl korrekt formuliert wird, macht sich der Leser ein anderes Bild als vom Autor gewollt, vielleicht weil die Beschreibung anders *wirkt* als sie beschreibt und sich manchmal, warum auch immer, die Wirkung gegen das Wort durchsetzt. Sagen wir es mal so: Nina rauchte, aber sie war keine Raucherin. Können Sie damit was anfangen?

Sex mit Nina zu erleben war eine der schönsten, vielleicht sogar die schönste Sache auf der Welt. Es war himmlisch mit ihr. Sie befriedigte mich vollkommen. Wie viele Menschen haben wohl in ihrem Leben derart schöne Momente gehabt? Es ist sehr unwahrscheinlich, dass es bei allen oder auch der Mehrheit der Menschen in einer Partnerschaft so geil im körperlichen Bereich ist. Was das Geschlechtliche betraf, war sie sehr anpassungsfähig. Sie nahm immer die Position ein, die ich wollte. Sie lehnte den Beischlaf nie ab, außer wenn sie ihre Tage hatte. Sie ließ es immer zu. Für einen jungen Bock, wie ich damals einer war, ist das natürlich toll. Es muss ätzend sein, es in einer Partnerschaft nicht treiben zu dürfen, wenn man will, wozu hat man einander denn dann? Etwa um sich gegenseitig auf den Sack zu gehen? Ja, das wird's sein ;)

Wenn wir in der Hündchenstellung miteinander schliefen, griff sie manchmal nach hinten und umfasste meinen Sack. Das war sehr interessant. Sie machte es glaube ich meist kurz nach dem Eindringen. Das war vielleicht die einzige Sache, die sie initiierte. Als ich sie mal fragte, warum sie den Beischlaf nie initiierte, antwortete sie: „Ich finde, das muss vom Jungen ausgehen." Wenn sie auf mir saß, konnte ich schön in aller Ruhe meine Hände über ihr Gesäß wandern lassen. Sie nannte mich mal entweder „kleiner Arschfetischist" oder nur „Arschfetischist". Kurz vorm Arschloch war Ninas Haut wahnsinnig weich und glatt, ich erkundete manchmal mit meinem Finger die Stelle. Heute würde ich ihn auf ihr Arschloch drauflegen, es massieren, ein bisschen Druck drauf ausüben, nicht nur mit der Spitze des gekrümmten Fingers, sondern mit den Fingerkuppen der gespreizten Finger, Zeige-, Mittel- und Ringfinger gleichzeitig auf Arschloch und Umgebung, dabei mit drehenden Bewegungen den Bereich verwöhnen. Natürlich würde ich auch hin und wieder innehalten, einfach um überhaupt zu spüren, wie sich das Ganze anfühlt. Meine Güte, gibt es überhaupt etwas Spannenderes auf der Welt, als den After eines Weibes zu berühren und ihre Reaktion zu beobachten? Nina einen Finger in den Arsch zu stecken, würde mich reizen. Wie hätte sie damals wohl reagiert? Jedenfalls kicherte sie, als ich mal ihr Arschloch küsste, während wir einmal 69-er machten. Es war ein spezieller Moment, ich lag ja unten und dann hat man als Mann ja permanent das Arschloch vor der Schnauze. Ninalein war schön sauber, dennoch „es war" ja trotzdem ein Arschloch. Als ich von ihrer Scheide absetzte, überfiel mich eine solche Zärtlichkeit, dass ich ihren After liebevoll anschmatzte. Und da kicherte sie. Es ist sehr eigenartig einen Anus an den Lippen zu spüren. Es fühlt sich fremd, fast schon falsch an. Irgendwie will man es aber doch. Manch einer würde es bestimmt als „eklig" bezeichnen, aber die Atmosphäre macht es möglich, dass die zärtliche Güte etwaigen Scham und Ekel deutlich überwiegt. Wobei ich jetzt nicht unbedingt Ekel empfand. Es war halt nur im Hinterkopf das Wissen dennoch da, dass es hier immerhin um ein Arschloch geht. Die Rosette zu küssen ist ein Symbol völliger Akzeptanz, so als würde man jemandem sagen: „Ich mag dich so sehr und vollständig, dass ich selbst deine ekligste Stelle liebe. Siehst du, ich küsse sie sogar." Als ich ein paar Jahre später mal die Situation am Telefon Nina gegenüber erwähnte, stritt sie diese ab. Es war allerdings hundertpro so passiert. Warum in aller Welt stritt sie das ab? Kann mir das irgendjemand sagen? Einmal war sie auf allen Vieren und wir wollten gerade loslegen, als auf einmal, „Anderes Loch!", zu vernehmen war. Beim Versuch in ihre Scheide einzudringen war ich aus Versehen an ihren After gestoßen. Ungewollt! „Immer noch anderes Loch!", ertönte es bei meinem zweiten Versuch. Beim dritten Versuch gelang das Vorhaben dann. Als wir mal bei ihrer Schwester übernachteten, war es umgekehrt. Wir trieben es gerade in der Hündchenstellung, als ich plötzlich innehielt und mit fester Stimme sagte, dass ich einfach hinten rein muss. Auf anal hatte Nina gar keine Lust. Sie hatte sogar mal behauptet, dass keine Frau darauf Lust habe. Ich wollte sie jedoch sehr gerne in den After rammeln. Dann passierte etwas Heftiges. Sie erlaubte es mir doch! Jetzt werden Sie als kluger Leser denken: *„Ja, wenn er bei vaginal schon hinten dranstößt, kommt er bei anal erst recht hinten rein."* Dem war jedoch nicht so! Ständig rutschte ich wieder in ihre Scheide zurück. Es war als hätte ihre Scheide entschieden etwas dagegen, dass ihre Nachbarin an ihrer Stelle verwöhnt wurde. Erst als ich wirklich Kraftaufwand betrieb, schaffte ich es ein Stück weit in ihren Arsch. Der Gedanke, dass es ihr Darm war, in dem ich nun war, erzeugte ein bizarres Gefühl. Kaum bewegte ich mich ein paar Male vor und zurück, behauptete sie schon: „Es tut weh." Das tat mir leid und wir hörten auf bzw. machten normal weiter. Als sie später von der Toilette zurückkam, erzählte sie, dass sie sogar geblutet hatte. Das wollte ich wirklich nicht. Wer weiß, ob sie das nur als Mittel gegen künftige Rektalattacken behauptet hatte. Nina war häufig krank, einmal, als sie noch bei uns in der Klasse war, war sie monatelang weg. Sie hatte irgendwas mit dem Darm und von einer Operation trug sie eine beachtliche Narbe davon. Lang und breit, deutlich sichtbar, den Bauch entlang. Sie war auch gegen allen möglichen Quatsch allergisch und dauernd beim Arzt. Genau das war ja das Problem, dass sie dauernd zu einem Arzt ging. Wenn Sie zu vielen verschiedenen Ärzten gegangen wären, wäre auch garantiert die ein oder andere Krankheit gefunden worden. Genau wie dieser Spruch besagt: „Wer keine Krankheit hat, der wurde nur noch nicht lange genug untersucht." Es war zwar schade, dass es ungefähr mit dem Ende der Schulzeit zwischen Nina und mir aus war und es gäbe auch noch ein paar sexuelle Details, aber wir waren lange genug bei Nina.

Auf jeden Fall kam ich trotz der Intensität unserer gemeinsamen Zeit *viel* leichter über sie hinweg als über Annette. Wir waren ja vorher schon miteinander befreundet gewesen und wären auch weiterhin noch in Verbindung gestanden, wenn ich dem nicht Abhilfe verschafft hätte. Das muss ich Nina wirklich zugutehalten. Sie ist die einzige heiße Frau, die mich als Freund immer noch hartnäckig und langfristig kontaktierte, ohne dass was von mir was zurückkam. Ich war so selbstzentriert, dass ich erst jetzt, erst heute merke, was für ein Geschenk das ist, wenn man jemanden hat, der sich so für einen interessiert. Dass unsere Freundschaft mittlerweile eingeschlafen ist, liegt definitiv an ihrem Kind, daran, dass ihr Partner etwas dagegen hat, wenn wir miteinander in Verbindung treten und natürlich an mir. Glücklicherweise bzw. verdammterweise gibt es stets genug zu tun. Aber ich werde schon sozialer. Es passiert gar nicht mal so selten, dass Leute Kontakt zu mir aufnehmen. Na, umso besser! Noch eine letzte Begebenheit mit Nina. Als wir mal alle bei mir waren, als ich sturmfreie Bude hatte, war Nina irgendwann ordentlich alkoholisiert. Als wir dann im Haus einmal aneinander vorbeigingen, griff sie mir mit der Hand frontal in den Schritt, sodass sie Sack und Glied komplett „in der Hand hielt", haha! Ich fühlte mich etwas hilflos und ausgeliefert, das hatte ich nie so und auch danach nie wieder so erlebt. Natürlich freute ich mich über das Signal, außerdem kann es – kann, nicht muss! – sehr interessant sein, eine enthemmte Frau um sich zu haben. Das mal nur am Rande, damit sie wissen, wie sexuell Nina eigentlich war. Dennoch, es war wirklich ein Gefühl der Ohnmacht, als ich sozusagen in der Mitte attackiert wurde. Das war das einzige Mal, dass etwas von ihr ausging. Einmal fuhren wir zu einer Art kleinem Fußballfeld oder einem Feld zum Reiten, das schon ein Stück im Wald lag, wo wir ausstiegen, um uns umzusehen. Als wir wieder in ihr Auto einstiegen, fragte sie mich, ob sie mir „einen blasen" solle, was ich ablehnte, wahrscheinlich aus Angst erwischt zu werden. Mir war irgendwie total unklar, wie sie darauf kam. Ich wette, sie hat dort schon allen ihren männlichen Sexualkontakten, die sie ab fünfzehn hatte, einen gelutscht und hatte deswegen eine Gedankenspirale, einen Vorsatz, dass sie jedem hier einen blasen müsse; wie Frauen, die für jeden Buchstaben, den es im Alphabet gibt, mit mindestens einem Mann, dessen Vorname mit dem jeweiligen Buchstaben beginnt, ins Bett wollen. Auch hier würde ich heute anders handeln und es dankend entgegennehmen. Hachja!

Wie ging es nach Nina weiter? Es war erstmal eine Weile ruhig. Nachdem ich die Aufnahmeprüfung in Hamburg bestanden hatte, folgte ein einmonatiger Aufenthalt in Berlin. Dort verbrachte ich die Ferien zwischen Aufnahmeprüfung und Studienbeginn. Einmal kam es zu einem zärtlichen Vorkommnis in Berlin, wobei es ärgerlich ist, dass ich nicht mehr weiß, ob es in dem Sommer vor Hamburg oder in dem vor Dresden, also zwei Jahre später war. Verblüffend wie jemand, der noch nicht mal dreißig ist, gerade was zeitliche Reihenfolgen betrifft, schon dermaßen durcheinander sein kann. Das aufzurollen ist etwas schwer. Sie hieß Jutta, und bevor wir zur eigentlichen Party gingen, kam sie zu meinem Bruder zum Vorglühen. Da saß ich neben ihr und war sehr zärtlich zu ihr. Ob es „Vorglühen" auf Wiki gibt? Kurzer Abstecher.

Ja, haha gibt es! Ich legte ihr oft den Arm um die Schulter und so weiter. Den Mut hatte ich wohl aufgrund des Alkohols. Dann waren wir irgendwann auf der Party! Dort gab es mehrere Räume. Es gefiel mir dort. Lieber Leser, genießen Sie es auch, andere Wohnungen von innen zu sehen? Schon immer fand ich es wahnsinnig spannend bei Leuten zu Hause zu sein. Was für ein Haus oder Viertel es ist, ist sekundär, entscheidend ist die Atmosphäre *in* der Wohnung, oft auch die Einrichtung. Ich finde es faszinierend wie gut Leute es hinkriegen ihre Wohnung so einzurichten, dass sie einladend wirkt. Ob es daran liegt, dass meine Mutter sich immer extrem mit Häusern etc. beschäftigt hat, sodass es schon nervig war, oder daran, dass meine eigene Wohnung recht karg eingerichtet ist, ist unklar, wohl aber eher letzteres. Auf der Party gab es mindestens drei Räume und ein Bad. Kann gut sein, dass einer der drei Räume die Küche war und dass es noch einen Raum gab, der nicht zum Feiern gedacht war. Die Gäste waren auf drei Räume verteilt, der links vom Eingang und der rechts. Der rechts war wohl die Küche. Gegenüber von der Eingangstür befand sich das Bad. Es war insgesamt so wie bei meiner Freundin Else von der Aufteilung her. Jutta und ich waren recht schnell in dem Raum, in dem keine anderen Gäste waren und in den eigentlich auch keine sollten. Wir redeten ein wenig und küssten uns dann. Es war schön. Dann gingen wir – warum auch immer – ins Bad, wo sie mein Glied in den Mund nahm und blies. Auch das war schön. Ich sah ihr gerne dabei zu. Ihr Gesicht konnte ich recht gut sehen. Aus heutiger Sicht eine recht heftige Aktion. Es war eine verdammte Hausparty! Auf wie vielen WG-Feiern mit weniger als dreißig Leuten waren Sie? Da wird gebechert ohne Unterlass. Wissen Sie wie viele Leute gewartet haben, als wir raus sind? Bestimmt vier! Mann, waren die genervt! Jutta blies nicht bis zum Schluss, nur ein wenig.

Nachdem wir die Toilette verlassen hatten, dauerte es nicht lange, bis wir von der Party verschwanden. Eine Freundin von Jutta hatte ihr ihre Wohnung zum Übernachten gelassen, also fuhren wir dort hin. Auch da war es schön. Irgendwie waren wir gemeinsam im Bad und ich bot Jutta an mein Glied zu halten, während ich im Stehen urinierte. Sie tat es sogar. Auch sie musste sich erleichtern. Sie wollte aber nicht, dass ich zusah. Wahrscheinlich waren wir sehr alkoholisiert, denn heute würde ich mir nicht im Bad einen blasen lassen, während vor der Tür Leute warten. Es lief also darauf hinaus, dass wir miteinander Geschlechtsverkehr hatten. Sie bestand auf ein Kondom. Keiner von uns beiden hatte eins. Da Juttas Freundin einen Partner hatte, suchten wir in der Wohnung und wurden tatsächlich fündig. Sie hatte eine Schale mit einem Deckel, in der ganz viele Kondome drin waren. Ich probierte eins an, aber es war nicht einfach. Zwar machte ich einen Witz darüber wie klein das Glied des Lebensgefährten ihrer Bekannten sein müsse, über den sie auch ehrlich schmunzelte, doch das eigentliche Problem war, dass mein

Glied einfach nicht wirklich *steif* wurde. Genau das muss es aber wohl sein, damit das Kondom hält. Da das das einzige Mal war, bei dem ich versuchte mit Kondom Sex zu haben, können Sie, werter Leser, sich ja denken *wie* wenig Plan ich von den Teilen hatte. Irgendwie blieb es dann doch mehr schlecht als recht auf meinem Glied. Ich legte mich auf sie und wir fingen an. Zu dem Problem, dass mein Glied nicht richtig steif war und das Kondom diese Tatsache sogar noch verschlimmerte, kam noch, dass Jutta die Angewohnheit hatte, bei jedem Stoß ihr Becken ein Stück anzuheben, als würde sie mir mit dem Körper entgegenkommen wollen. Von Nina war ich gewohnt, dass sie immer stillhielt, wenn sie auf dem Rücken lag. Das hatte wunderbar funktioniert. Juttas Stil hingegen irritierte mich, weil ich durch die Winkelveränderung keine gleichstark bleibende Erregung auf der ganzen Länge des Stoßes verspüren konnte. Es kam, wie es kommen musste: Meine ohnehin recht schwache Erektion war nun endgültig das, was sie gar nicht sein sollte, nämlich im Arsch. So ein Mist aber auch! Wir hörten also auf. Juttas Stimmung war im Keller. Ich hatte zwar noch Lust ihren nackten Leib zu genießen, doch war sie dafür nicht mehr zu gewinnen. Wir übernachteten dennoch in der Wohnung. Danach kam es zu nichts mehr zwischen uns und wir sahen uns da auch zum letzten Mal. Auf meine Anrufversuche ein paar Monate später reagierte sie leider nicht. Meine nächsten sexuellen Kontakte hatte ich in Hamburg. Es gab an der Hochschule jede Menge gutaussehender Frauen. Zum Beispiel erinnere ich mich recht gut an Svana, eine blonde Sängerin mit einem tollen Körper, die einen Kurs mit mir besuchte. Sie war nicht so schlau wie die meisten anderen, allerdings hatte sie ein sehr angenehmes, sanftes Wesen, weswegen ich gerne neben ihr saß. Oder es gab auch Margot, eine attraktive Paukenspielerin, die zwar kurze Haare hatte, allerdings war das das einzige männliche Attribut an ihr. Mit keiner der beiden lief etwas. Es kam nur einmal dazu, dass Margot zu mir, „Du hast Eier!", sagte. Als der Kurs zu Ende war und wir nebeneinanderstehend einpackten, wollte ich sie zum Spaß anrempeln, indem ich ihre Schulter mit meiner wegpresste. Leider hatte ich mich verschätzt und sie stolperte ein, zwei Schritte zur Seite. Ich war ganz perplex und entschuldigte mich umgehend. Zum Glück war sie nicht hingefallen. Sie wusste, dass es keine Absicht war, und es war alles in Ordnung. Es gab noch viele weitere gutaussehende Damen, mit denen aber auch nichts lief.

Mit der Hamburger Schule war es so eine Sache. Ganz lüstern wandelte ich durch die Gänge. Weibliche Kurven vernebelten meinen Verstand. Auch jede Menge Asiatinnen waren dort zugange. Manche waren schön. Nach knapp einem Jahr in der Stadt tat ich mich zu Beginn der Sommerferien mit einer Koreanerin zusammen, da ich sie allerdings nicht liebte, ist es unnötig hier genau auf die Verbindung einzugehen. Ich spielte mal an ihrer Scheide rum, unter der Unterhose und der Hose. Sie ließ beide an. Ihre Hände beschäftigten sich auch mit meinem Glied, ansonsten passierte nicht viel. In den Ferien beendete ich dann alles per Skype. In Hamburg lernte ich auch die junge Geigerin Aimi aus Japan kennen. Sie war auch mit der Koreanerin befreundet und studierte auch an der Hochschule, wo sie ein oder zwei Jahre vor uns angefangen hatte. Sie war um die zweieinhalb Jahre älter als ich. Aufgefallen war sie mir auf einer Party im Winter, es könnte die Winterabschlussparty gewesen sein. Wir redeten nicht direkt miteinander. Sie stand nur neben uns, während ich mit einer anderen Asiatin redete, wobei sie fröhlich lächelte. Unser erstes richtiges Gespräch fand auf einer Party im Sommer im Musikerstudentenwohnheim statt. Es kann sogar sein, dass es die inoffizielle Sommerabschlussparty war. Sie gefiel mir bombenmäßig und wir verstanden uns gut. Irgendwann ging ich dann sehr angetrunken ins Zimmer meiner Koreanerin, wo ich dann zum ersten Mal nächtigte. Es war wohl der Beginn unserer Beziehung, obwohl mein Herz ja der japanischen Geigerin gehörte. Fast schon paradox.

Als ich in den Sommerferien dann die Sache beendet hatte und zurückkam, war klar, dass ich in Aimi verliebt war. Ein japanischer Freund gab mir ihre Nummer und ich fasste mir eines Tages ein Herz und schrieb sie an. In der gleichen SMS gestand ich ihr, dass ich zu viel Angst hatte, sie in der Hochschule anzusprechen, weswegen die Kontaktaufnahme schriftlich erfolgt war. Sie war zum Glück sehr kooperativ. Es gab dann ein Treffen, das gar keines war, bei dem wir uns in der Mensa trafen um von dort aus loszugehen. Sie saß gerade in einem Grüppchen und kam vom Gang oder umgekehrt. Meine Wahrnehmung war dermaßen verzerrt, dass ich, als wir das Gebäude verließen, dachte sie hätte sichtbare schwarze Haare auf der Wange, auf der Höhe des Kaumuskels. Das war allerdings *mitnichten* der Fall. Aus irgendeinem Grund beschlossen wir am Ausgang es auf ein andermal zu verschieben, wohl, weil einer von uns gleich einen Termin hatte. Irgendwann fand dann zum Glück ein echtes Treffen statt. Wir trafen uns beim Dammtor. Es ist mir noch recht gut in Erinnerung. Ich freute mich natürlich wahnsinnig sie zu sehen, obwohl sich Musikstudenten ja dauernd über den Weg liefen, schließlich gingen sie während des Studiums selbst am Wochenende in die Schule, bis auf die wenigen Glücklichen, die auch zu Hause spielen konnten. Sie kam wohl von der Hochschule und ich von zu Hause, also trafen wir sozusagen neu aufeinander. Im Dammtor unten gibt es ja einige Speise-Läden, weswegen man sich immer überlegen muss, was man denn eigentlich will. Es gibt zum Beispiel eine Art Schnitzelstand, eine Bäckerei, vielleicht noch einen Caféstand und noch ein paar Sachen, darunter mindestens einen Asiaten und der briet seine Gerichte sogar auf für alle Passanten sichtbarem Feuer. Auf meine Entscheidung hin gingen wir zu McDonalds. Auch das würde ich heute unter normalen Umständen nicht machen. Mittlerweile esse ich so einen Mist nicht mehr (höchstens in sehr ungünstigen Situationen wie z.B. auf Tour oder so). Als ich Aimi die Tür aufhielt, strich sie mit der Hand kurz besänftigend über meinen Unterarm. Es gab irgendeinen in der Unterhaltung verwurzelten Grund. Als ich dieses Kapitel das letzte Mal schrieb, ist mir das nicht eingefallen, aber zwischen einem unserer Treffen, keine Ahnung ob zwischen dem ersten, dem gescheiterten, dem richtigen oder zwischen den späteren Treffen, war sie mal ein paar Tage bei einer Freundin, die entweder in Köln lebte und demnächst nach Paris ziehen sollte, oder bereits nach Paris gezogen war, einer Harfenistin. Aimi bestellte sich wohl was zum Saufen, ob sie sich Kuchen nahm, weiß ich nicht mehr, ich denke nicht, sicher weiß ich jedoch, dass sie keinen Burger oder ähnliches bestellte, ich glaube nur was zum Trinken. Ich hingegen nahm mir ganz räudig irgend so einen Fast Food Dreck. Ja, in Hamburg habe ich mir wirklich noch nichts aus gesunder Ernährung gemacht, aß auch wirklich ultraoft Nudeln und immer bis zum Gehtnichtmehr. Aimis Aura versetzte mich jedoch in eine solch intensive Mischung aus Nervosität und Euphorie, dass ich gar nichts essen konnte. Vielleicht vier Bissen aß ich, aber dann ging gar nichts mehr. Widerlich! Wieso habe ich mich nicht geschämt? Im Grunde finden wir doch alle Fast Food abscheulich.

An sich war Aimi kein besonders gesprächiger Mensch, dennoch war unsere Unterhaltung recht flüssig. So in ihrem Bann war ich, dass ich überhaupt nicht weiß, worum es ging. Falls Aimi doch eine gesprächige Seite hat (wie es ja bei Ausländern vorkommt, denen die Landessprache Mühe bereitet), was ich sehr bezweifele, so habe ich sie nicht kennengelernt. Man sagt ja, Ausländer würden weniger reden, weil ihnen die Fremdsprache mehr Mühe bereitet als ihre Muttersprache, daher weiß man nie. Normalerweise bin ich, speziell, wenn ich mich wohlfühle, recht gesprächig. Doch mit Aimi war es anders. Ihre Gegenwart genoss ich einfach so sehr, dass es durchaus mal passieren konnte, dass ich einfach neben ihr still vor mich hin lächelte. So war es auch bei unserem zweiten Treffen. Sie sagte dann: „Du bist sehr smiley."

An unserem ersten Treffen hatte sie sogar Geburtstag. Wir trafen uns am frühen Mittag. Als wir nämlich das McDonalds verließen, gingen wir noch in Planten un Blomen, so heißt der Garten hinter dem McDonalds. Während wir auf den Garten zuliefen, kamen wir an einem Akkordeonspieler vorbei. Zum Spaß deutete ich mit dem Kopf auf ihn und sagte etwas wie: „Ich in zwanzig Jahren." Zu meiner Überraschung schmunzelte Aimi und ich glaube sogar nicht nur aus Höflichkeit. Ironischerweise bin ich durch meine Straßenmusik sogar gerade gar nicht so weit weg davon, meine Güte, wie sich Zustände und Menschen entwickeln, da blickt echt keiner durch. Gar nicht so viel später brach ich ja um des Jazz willen (sowie der Stile, die ohne ihn nicht möglich gewesen wären) das Klassikstudium ab.

Als wir im Park angelangt waren, setzten wir uns auf eine Bank. Es war angenehm. Sie erzählte, dass sie wegen ihres Geburtstages zu einer Freundin gehen würde, zu der auch andere Freundinnen kommen würden. Es waren alles Geigerinnen. Es war wohl tatsächlich so, dass nicht bei Aimi gefeiert wurde. Sie lud mich ein mitzukommen, was mich auch freute. In jenen Tagen war ich jedoch noch sozialparanoid. Die anfängliche Unsicherheit beim Kennenlernen neuer Leute überwog damals noch die Freude an der neuen Bekanntschaft. Das führte oft dazu, dass ich mich erst gar nicht in solche Situationen begab. Ein Riesenfehler! Zum Glück habe ich das mittlerweile überwunden. Ich kann nur jedem, der mit dieser Problematik zu kämpfen hat, raten bloß nicht denselben Fehler zu machen. Ich antwortete Aimi in dem ich meinen Oberkörper nach vorne beugte, meine Unterarme auf die Knie stützte und von einem Seufzer begleitet ausatmete.

„Ich“, entfuhr es mir, wonach eine Pause folgte, „mag dich wirklich sehr.“ Ich richtete mich wieder auf, bis mein Rücken wieder an der Lehne der Bank zur Ruhe kam. Aimi sagte irgendwas wie Danke oder so. Nun neigte ich meinen Kopf zu ihr. Ich küsste sie kurz auf die Backe. Sie vermittelte den Eindruck, als wüsste sie es zu schätzen. Diese Handlung machte meinen kurzen Erklärungsversuch, warum ich denn nicht mitkäme, recht überflüssig, weil sie ja nun wusste, dass mein Herz wirklich für sie schlug.

Wir verweilten. Sie ließ sich auch auf den Mund küssen (*„und dass trotz meines ekelhaften Burgers“*, schoss es mir durch den Kopf). Aimi küsste ganz anders, als ich es gewohnt war. Sehr zart, fast schon zaghaft. Bei einem unserer Treffen, es war bestimmt beim ersten sagte ich ihr mal: „Ich respektiere dich als Mensch.“ Das bewegte sie sichtlich. Wir waren noch relativ lange im Park. Sie ging dann irgendwann zu ihren Freundinnen und ich ging nach Hause.

Unser nächstes Treffen war wieder unter freiem Himmel. Wir waren am Jungfernstieg unweit dieses großen Cafés. Ich erinnere mich noch an ihren Blick, der über dem Wasser in die Ferne gerichtet war. Wir waren ja nur wenige Meter von der Alster entfernt. Ich saß neben ihr, wobei mein Kopf mit den Augen nach oben gerichtet war, sodass wir einander anschauen konnten. Aimi zupfte gedankenverloren mit den Fingern am Fleisch meines Handrückens herum. Diese Art der Liebkosung war mir neu. Wir waren so unterschiedlich. Sie achtete sehr auf Klamotten. Ich überhaupt nicht, zumindest damals nicht. Sie trug eine crème- oder beigefarbene Jacke, der auch ein modetechnisch wenig bewanderter Mensch ansah, dass sie edel war. An den Gelenken, dem Hals und der Knopfreihe war beidseitig ein weißes fellähnliches Polster angebracht. Aimi achtete so dermaßen auf diesen Müll, dass ich mir schäbig neben ihr vorkam, zumindest in der Öffentlichkeit.

Wie gesagt war Aimi ganz anders als ich, unser Temperament war anders, wir benahmen uns anders, hatten andere Hobbies, kleideten uns unterschiedlich, kamen auf religiöser Ebene aus anderen Ecken und hatten wohl auch unterschiedliche Prioritäten. Vielleicht war unsere einzige Gemeinsamkeit, dass wir in unserer Jugend recht viel auf unseren Instrumenten geübt hatten. Wobei das bei Aimi ja ganz andere Ausmaße hatte. Sie hatte ja schon saufrüh angefangen, wohl mit drei oder so. Ihre Schwester war auch schon Geigerin und ihre Mutter war Geigenlehrerin. Jedes Mal, wenn Aimi übte, von klein auf, war ihre Mutter mit im Raum und beaufsichtigte das Ganze. Heftig, oder? Ja, Leute, den Scheiß gibt's noch! Das ist Japan, da steht sowas an der Tagesordnung! Ohne Spaß! Ja, jetzt können Sie sich denken, was für einen Hintergrund unsere Guteste hatte. Bei mir fing die Überei deutlich später an, erst mit elf, und da war auch keiner dabei oder so. Dennoch, dieses Hobby hatten wir gemein. Die folgenden Begebenheiten werden wohl deutlich machen, wie sehr Aimi auf Äußerlichkeiten achtete. Einmal zum Beispiel erzählte sie, dass sie oft mit ihrer großen Schwester gestritten hatte, als sie noch im Elternhaus wohnte. Als ich nach dem Grund fragte, erzählte sie, dass sie einfach ihre Schuhe ungefragt angezogen hatte. Als es mal darum ging, was denn der Unterschied zwischen Japanern und Koreanern sei und woran man das denn sehen könne, behauptete sie, dass Japanerinnen sich anders kleiden würden. Sie nannte in dem Zusammenhang irgendein Detail an Röcken.

Würde man mich drum bitten, Aimis Wesen in einem Wort zu beschreiben, würde ich „elegant" wählen. Vielleicht respektierte ich Aimi mehr als andere Partnerinnen. Man sagt ja immer, dass die menschliche Wahrnehmung durch unsere Emotionen getrübt wird. Von Liebenden wird sogar gesagt sie seien „blind" vor Liebe. Das kann gut sein. Es war mir unmöglich, Aimi so zu sehen, wie andere sie sahen und ich denke auch nicht, dass es jemals möglich sein wird. Es sei denn, ich hätte im Fall eines erneuten Wiedersehens bei ihrem Anblick genau null Gefühle. Wenn sie anders aussehen würde als in meiner Erinnerung, könnte ich sie wohl sehen wie andere sie sehen.

Als wir uns vom Jungfernstieg auf den Weg machten, schlug ich vor, dass wir zu mir nach Hause gehen könnten. Ich wohnte ja in dem Studentenwohnheim, in dem ein ganzes Gebäude mit Übe-Räumen noch angebaut ist, extra damit die ganzen Musikstudenten üben können. Meine Güte, wie gut wir's hatten! Vielleicht ist das gar nicht so gut, wenn man es zu gut hat. Schwächt es uns nicht, wenn es uns immer zu gut geht? Wie geht ein wohlbehüteter Mensch damit um, wenn er zum ersten Mal mit starkem Unglück konfrontiert wird? Ist mir überhaupt jemals etwas Schlimmes passiert? Meine Eltern sind verheiratet geblieben und weder ein Elternteil noch mein Bruder sind gestorben. Als mein Großvater starb, war ich schon achtzehn, oder sogar neunzehn. Als meine Großmutter (nicht seine Frau) starb, war ich sogar schon um die Mitte zwanzig. Keiner der beiden starb plötzlich, es ging bei beiden in den Jahren davor bergab. Von Mutter und Vater lebt jetzt jeweils noch ein Elternteil, sie haben zwar ihre Beschwerden, sind aber vollkommen lebensfähig. Keine der Geschwister meiner Eltern sind bisher verstorben und sowohl unsere Cousine als auch unser Cousin leben noch.

Wen das Unglück nie trifft, den trifft es irgendwann mit besonderer Wucht. Leute, ich sag's euch, es knallt! Wäre ich schon früh mit schweren Schicksalsschlägen konfrontiert gewesen, wäre ich dann überhaupt derselbe? Wie sieht es mit Ihnen aus? Auch aus meinem gleichaltrigen Bekanntenkreis fällt mir gerade keiner ein, dem großes Unheil widerfahren ist. Würde ich mich auch dermaßen über Lappalien aufregen, eine solche Abneigung gegen lange Fahrten hegen, zu sozialem Vermeidungsverhalten neigen und bei kleinsten Unannehmlichkeiten in überdimensionierten Groll verfallen, wenn ich schon früh beispielsweise einen Elternteil dahinsiechen gesehen hätte, von Kindesbeinen an hätte arbeiten müssen, Hunger und politischer Verfolgung ausgesetzt gewesen wäre oder sogar Mord miterlebt hätte? Wohl kaum! Sind es nicht gerade die Krisen und Situationen, in denen wir an unsere Grenzen kommen, die uns stark machen können? **Wir brauchen etwas, das uns die Kraft gibt bei nervigen Reibereien im Alltag Herr der Lage zu bleiben anstatt in Streit zu verfallen.** Wie können wir es schaffen, uns auf die Sache zu konzentrieren und unser langfristiges Ziel im Auge zu behalten, anstatt uns aufzuregen, persönlich zu werden und schließlich unser Gegenüber zu hassen? Ist es nicht unsere Unfähigkeit „über den Dingen zu stehen", wie man so schön sagt, die uns daran hindert weiterzukommen? Sind es nicht durch die Bank falsch gewichtete Kleinigkeiten, an denen wir scheitern? Kleinigkeiten wie ein blöder Kommentar von der Verwandtschaft oder Unrecht aus vergangenen Tagen etc.?

Aimi weigerte sich ins Studentenwohnheim im Grandweg mitzukommen, obwohl wir uns vorzüglich verstanden. Das fand ich sehr schade und nörgelte an ihr rum, um sie zum Mitkommen zu bewegen. Doch sie war sich ganz sicher und kam nicht mit. Ihre Entschiedenheit ärgerte mich tierisch. Doch war es nicht ihre Entschiedenheit an sich, sondern ihr Motiv. Denn ihr Motiv war kein Motiv, sondern eine Unterstellung. Auf die Frage, warum sie nicht mitwolle, antwortete sie nämlich: „Weil du bist Junge." Es pisste mich an, weil sie mich dadurch mit anderen gleichsetzte *und* behauptete, Beischlaf wäre mein Ziel. Das war es aber nicht, sondern ihre Gesellschaft. Gekuschelt hätte ich natürlich gerne. Auf dem gemeinsamen Nachhauseweg im

Bus (unsere Wohnstätten befanden sich an der gleichen Linie, sie musste nur früher raus) registrierte ich schmerzlich mit welchem Interesse zahlreiche Männer ihre Augen auf die Japanerin gerichtet hatten (sowieso ein trauriger Nebeneffekt, der die männliche Hälfte einer Partnerschaft leider sehr belasten kann). Das machte die Stimmung nicht gerade besser. Aimi stieg aus und es kann gut sein, dass wir uns küssten. Wir waren an sich „zusammen", auch wenn wir bis dato (und auch später) nicht Händchen haltend oder so in unserem gemeinsamen Bekanntenkreis und an der Hochschule auftraten. In dem Moment war ich zu kurzsichtig und verbissen, um zu erkennen, dass Aimi es sehr gut mit mir meinte.

Bei unserem nächsten Treffen trafen wir uns sogar direkt bei ihr. Gut wohnte sie, hohe Decken und alles, nicht allzu weit von der Hochschule. Übrigens arbeitete Aimi einmal pro Woche (samstags) in einem japanischen Restaurant, wohl wegen der Kohle. Da wäre es wohl klüger gewesen, im Wohnheim zu wohnen, günstiger, und mehr Zeit zur freien Verfügung. Außerdem war ihr Vater ja Chef oder Vizechef einer Bank oder sowas, sie hatte wohl mal erwähnt, dass sie an sich Kohle hatten. Ihre Schwester war ja auch Geigerin geworden, allerdings war die in Japan geblieben.

Während wir so am Tisch saßen, lernte ich sie noch besser kennen. Über ihren Vater erfuhr ich, dass er immer recht ruhig blieb. Des Weiteren gab es übrigens eine kuriose Parallele zwischen Aimis Vater und dem der Koreanerin: Sie waren beide an demselben Mist erkrankt und hatten beide noch zwei Jahre Remission, bis sich entschied, ob sie weiterleben würden. Ist das nicht ein geradezu grotesker Zufall? Meine Güte, und da treffen sie sich in Deutschland (also die Töchter), freunden sich an und ausgerechnet ihre beiden Väter befinden sich in der gleichen medizinischen Situation. Irre!

Auf dem Tisch lag Schokolade. Oder legte sie sie erst hin? Jedenfalls griff sie danach und bot auch mir welche an. Sie habe auch etwas Herzhaftes da, in einem Topf oder sie könnte auch was kochen, doch aufgrund meiner ungeheuren Verliebtheit lehnte ich ab. Vielleicht war das schon mein erster Fehler. Unter normalen Umständen hätte ich in jenen Jahren herzhaft und umfangreich gespeist (heute esse ich ja nach dem Frühstück erst vor dem Zubettgehen wieder), ich weiß nicht, ob ich an dem Abend überhaupt von der Schokolade probierte, so sehr waren alle anderen Gefühle gedämpft.

Da saßen wir also und während Aimi Schokolade aß, hob sie ein Stück ein wenig in die Luft und sagte zum Scherz: „Mein Abendessen!" Etwas Süßes als Hauptmahlzeit, das war wirklich noch nie mein Ding. Danach hörten und sahen wir uns noch ein paar Michael Jackson Videos an, auch von den Jackson Five, allerdings als er schon ein junger Mann war. Dann zogen wir einander aus. Dabei haute ich ihr einmal recht heftig auf den Hintern. Sie grinste sehr und schaute mich an. Das hatte ihr sichtlich gefallen. Wir liebkosten einander. Vielleicht wollte sie, dass das Licht ausgemacht wird, das kann schon sein. Als sie auf mir lag, legte ich meine Hände auf ihren Hintern und knetete und massierte ihn. Aimi hatte so gut wie keine Brüste, jedoch ein tolles feminines Becken. Wie es anderen Menschen geht, weiß ich nicht, allerdings waren mir körperliche Merkmale an Frauen, in die ich verliebt war, immer egal. Ganz im Gegenteil zu Frauen, in die ich nicht verliebt war, deren Figur interessierte mich immer sehr. An sich war Aimis Körper also sekundär, nur passt es in dieser Situation gut ihn zu beschreiben. Es war schön sich in aller Ruhe mit ihrem Hintern zu beschäftigen. Als jeweils eine Hand auf einer Pobacke zur Ruhe kam, forderte ich sie auf ihn anzuspannen. Sie spannte ihn an. Ich griff prüfend zu. Nun bat ich sie ihn lockerzulassen. Auch das tat sie. Meine Hände verglichen die beiden Zustände sehr detailliert. Ich ließ Aimi das Spiel noch ein paar Mal wiederholen. Es war bemerkenswert, wie weich ein weiblicher Pomuskel trotz Anspannung bleibt. Als Aimi mein Glied in die Hand nahm, lächelte sie ein wenig. Ja Leute, die Frauen sind auch nicht anders als wir! Irgendwann wurde wieder das Thema Kondom erwähnt, aber ich hatte wirklich keines dabei. Es sah also ganz danach aus, dass wir nicht miteinander schlafen können würden.

Nun gab es folgendes Problem: An sich war es mir überhaupt nicht wichtig mit ihr zu schlafen. Meine Verliebtheit war zu groß dafür, als dass ich Aimi als Sexsymbol wahrgenommen hätte. An sich also alles in Butter. Wäre da nicht meine bescheuerte Wichssucht gewesen. In jenen Jahren war mein Organismus wohl derart an meine Onanie gewöhnt, dass ich verwirrter Jüngling ernsthaft davon ausging, nicht einschlafen zu können, wenn ich nicht zuerst einen Orgasmus herbeiführte. Netterweise schlug Aimi vor mir einen zu lutschen, doch meine Erektion schwoll ab. Sie meinte außerdem, dass sie ungern blies und da hatte ich dann ein schlechtes Gewissen, weil ich ja wollte, dass es ihr gut ging, so wie das unter Liebenden ist. Aimi war allerdings kondomtechnisch nicht ganz so streng wie Jutta damals. Als dann doch meine Latte stand und ich Anstalten machte mein Glied einzuführen, ließ sie es zu, doch bevor ich drin war, schwoll mein Glied ab, sodass ich gar nicht erst hinein kam. Die Kombination aus überdecktem Hunger, Verliebtheit, gepaart mit der enttäuschten Gewohnheit der Onanie waren es wohl, die die Situation ins Unschöne kippen ließen. Das soll natürlich keine Entschuldigung für mein armseliges Benehmen sein, doch muss es einfach erwähnt werden, denn so tief war ich noch bei keiner Liebschaft gesunken. Ausgerechnet bei der höchsten Frau war ich am tiefsten gefallen. Meine Unausgeglichenheit sich in meinem Verhalten. Obendrein kam noch dazu, dass Aimi mir erzählte, dass sie schonmal mit einem anderen Mann geschlafen hatte, was mich absolut aufregte. Es kam zu verschiedenen Sticheleien. Ich fing an Aimi absichtlich mit allem möglichen Kram zu ärgern. Die Einzelheiten aufzurollen wäre negativ und auch irgendwie überflüssig, wenn man in Erwägung zieht, dass die folgende Gemeinheit, die zum endgültigen Abbruch führte, dermaßen daneben war, dass ich es bis heute selbst in vertraulichen Gesprächen vor Scham nicht wage, dieses Detail zu erwähnen. Ich drohte ihr an, ihren Bauch aufzuschlitzen und sie zu töten, während ich mir laut vorstellte sie würde ein Kind im Leib tragen. Während ich meine kranken Fantasien verkündete und mich erst noch wunderte, dass sie schwieg, hörte ich irgendwann einen Laut. Zunächst noch unsicher ob ich wirklich etwas gehört hatte, vernahm ich dann deutlich ein Schluchzen von Aimi. Wie schlimm muss es für ein Mädchen sein, wenn ein Mann, über dessen Liebe sie sich gefreut hat, den sie vielleicht sogar selbst mochte, von dem sie eventuell sogar geglaubt hatte, dass er rechtschaffen sei, auf einmal eine 360-Gradwendung macht und sich als Scheusal entpuppt oder sich zumindest wie eines benimmt? Oh, was für ein Monster ich doch war! Einfach furchtbar war das! Ja, nun weinte sie richtig, behauptete, dass es aus sei, ganz sicher und für immer, wonach ich, obwohl es schon frühester Morgen war, nach Hause fuhr.

Natürlich kann die Aktion nicht entschuldigt werden. Der Fehler lag auf meiner Seite. Doch muss hier erwähnt werden, dass es zu keiner physischen Gewalt kam und es für Aimi nicht so schlimm war, dass sie etwa einen bleibenden Schaden oder so erlitt. Sie spazierte schon bald wieder verdammt munter in der Schule herum. Wie mir das weh tat! Ja, das ist immer so eine Sache mit den Liebschaften, wenn sie auseinandergehen. Wie es wohl für Paare ist, die dieselbe Arbeitsstätte haben oder sich sogar dort kennengelernt haben, wenn sie sich dann irgendwann trennen und sich trotzdem noch fünf Tage die Woche sehen müssen, im schlimmsten Fall bis zur Rente!? Das muss doch irre sein? Doch scheinbar stecken viele es recht gut weg. Ich habe mich sowieso immer gewundert, wie gut Menschen mit Trennungen zurechtkommen. Mir hat es immer ewig lange noch etwas ausgemacht. Womöglich würde mir selbst heute noch mulmig werden, wenn mir Aimi über den Weg liefe.

Es gab dann noch ein letztes Treffen. Es fand in einem Übe-Raum des Wohnheims statt. Aus irgendeinem Grund war Aimi zum Üben ins Wohnheim gekommen, obwohl ihrer Wohnung der Hochschule viel näher war. Es bringt nichts, den genauen Hergang wiederzugeben, auch wenn es sich sicher gut lesen würde, aber da das Ganze sowieso nur auf eine einzige Botschaft hinauslief, die obendrein noch sehr deutlich und mit einiger Entschiedenheit vorgebracht wurde, ist es unnötig, das winzige Hin und Her, das dem Ganzen voranging, aufzurollen. Die Botschaft war:

Das war's! Ein für alle Mal!

Aimi war anständig, ich war unflätig. Aimi war elegant, ich war schäbig. Aimi war dezent, ich war stürmisch. Aimi war vernünftig, ich war unausgeglichen. Aimi war reif, ich war kindisch. Aimi war stabil, ich war unberechenbar. Aimi trug gute Kleidung, ich lief immer in den gleichen alten Fetzen rum, die mir meine Mutter gekauft hatte. Aimi war zahm, ich war wild. Aimi war ausgeglichen, ich war zerrissen. Aimi speiste süß, ich speiste herzhaft. Aimi machte Orchester- und Kammermusik, ich würde mich schon bald dem Jazz zuneigen. Aimi spielte ausschließlich was in den Noten stand, ich improvisierte lieber.

Aimi sagte mal kurz nachdem wir uns kennengelernt hatten, sie „liebe" Brahms. Kurz vor oder nach unserer ersten SMS besuchte ich ein Konzert, auf das sie mich aufmerksam gemacht hatte. Weil sie es war, ging ich natürlich hin. Engstirnig wie ich damals noch war, wäre ich sonst nicht hingegangen. (Muss wirklich dran denken, öfter auf Konzerte zu gehen.) Es traten mehrere Solisten auf, die dann jeweils irgendein Solokonzert mit dem anwesenden Orchester aufführten. Es war typische klassische Musik. Aimi müsste wohl am Ende der ersten Hälfte dran gewesen sein. Meine Güte, ich langweilte mich so dermaßen, dass das ältere Paar hinter mir, bzw. der Mann des Paares eine Bemerkung dazu machte: „Na, das scheint ja nicht sonderlich spannend für Sie zu sein", oder etwas in der Art. Ja, Leute, es war nun mal diese typische, eingängliche, leichtfüßige Klassik. Schon nach der Hälfte der Stücke hatte ich einfach das Gefühl, es könne genauso gut zu Ende sein. Furchtbar! Ich pennte bei dem anderen Beitrag fast ein! Bei Aimis Stück blieb ich wach, aber wirklich nur wegen ihr, überhaupt nicht, aber auch gar nicht wegen der Musik. Ja, so war das. Mit der Klassik ist das so ein Ding. Genau das, was wohl für die meisten Konzertbesucher das Schönste (geschätzt das Zeug von 1780-1900) ist, hat mir oft zu viele Wiederholungen, ist zu vorhersehbar, nützt sich vor Stückende bereits ab und ist einander zu ähnlich. So war es auch mal, als mein Vater und ich in ein Konzert der deutschen Radiophilharmonie gingen. Das Stück hatte sein Pulver schon nach wenigen

Minuten verschossen. Was ja auch in Ordnung wäre, hätte es nur wenige Minuten gedauert. Es dauerte allerdings deutlich länger, weswegen es mich einfach langweilte. Der Gipfel des ganzen lag jedoch darin, dass der Komponist die Frechheit besaß, gegen Ende des Stückes den letzten Ton immer nur anzutäuschen, sodass der Zuhörer stets dachte: „Gut, hier ist jetzt das Ende." Das war es dann aber nicht. Irre, oder? Als es dann tatsächlich – man mag es kaum glauben – doch zu Ende war (das Stück, nicht das Programm), gingen mein Vater und ich in gegenseitigem Einvernehmen nach Hause. Um uns rum schien keiner unser Missfallen zu teilen, zumindest ging sonst keiner raus. Es war auch sehr gut besucht. Vor kurzem wünschte sich ein Fan, dass ich ihm das Haydn-Trompetenkonzert, also ein klassisches Stück, vorspiele. Dazu hörte ich mir das Stück zum ersten Mal seit Jahren an. Ich muss sagen, ich war ganz schön erstaunt, wie viel das Werk zu bieten hat. Daher weiß ich nicht, was ich heute zu Aimis Darbietung sagen würde. Schließlich höre ich seit einiger Zeit quasi nur noch Klassik (neben dem Jazz, den ich berufsbedingt automatisch höre).

Äußerte sich Aimi über das Ende der Partnerschaft? Gab es eine Kritik, irgendeine Art Stellungnahme bei unserer letzten Zusammenkunft?

Ja, die gab es. Sie musste es nachschlagen (übrigens ist mir eingefallen, dass die ersten, die anfingen nur noch aufs Handy zu glotzen, die Asiaten waren, hatten ja in den Hochschulen viele um uns), um herauszufinden, wie man das auf Deutsch nannte. Ich sei ihr zu „gefühlsmäßig". Welcher Musiker sagt zu einem anderen Musiker, er sei ihm zu gefühlsmäßig?? Außerdem nannte sie mich „hektisch". Ja, wissen Sie was? „Gefühlsmäßig" nehme ich ja noch als Kompliment, aber Hektik ist sicher keine gute Eigenschaft. Wahrscheinlich war an beiden Kritikpunkten was dran. Bestimmt werden auch viele Aimis Eindruck bestätigen. Hektisch *rüberkommen* ist aber nicht gleichzusetzen mit hektisch *sein*. Auch ein ruhiger Mensch kann in Hektik geraten, deswegen ist er noch lange kein hektischer Mensch. Jemand kommt hektisch rüber, wenn er in Eile ist, wenn die Hektik ein Teil seines

Wesens ist, oder wenn er mit dem Kopf bei einer großen Reihe an Dingen, die noch zu erledigen sind, ist und sich gerade in einer Situation befindet, in der es ihm nicht möglich ist, diese zu erledigen. Und genau das passiert mir heute hin und wieder. Meine To-Do-Listen (gibt es dafür eigentlich ein gutes deutsches Wort?) sind leider recht voll gepackt, speziell im familiären Kontext hat das schon zu so manchem Streit geführt. In jener Aimi-Zeit jedoch war das noch nicht so. Da plante ich selten was, und wenn, dann eigentlich nur, wie lange ich was übte etc., nicht so minutiös wie mittlerweile, auch soff und vergnügte ich mich ja viel öfter als heute. Woher, ja, woher zum Henker rührt eigentlich die Vergnügungssucht der Jugend? Kann mir das mal irgendjemand sagen? Wieso hampeln Kinder rum und ab der Jugend wird gesessen?

Wie oben bereits erwähnt, war meine Wahrnehmung hinsichtlich Aimi stark verklärt. Da ich kurz nach der Affäre die Stadt verließ und sie danach auch nicht mehr gesehen habe, wird mein Bild von unserer Gutesten wohl immer ein idealisiertes sein, schließlich weiß ja keiner, ob und wann wir uns wiedersehen, vielleicht lebt sie ja noch nicht einmal mehr in Deutschland?

Doch auch die einzige Frau – von denen, die ich kennengelernt habe – von der ich denke, dass ich sie langfristig ertragen hätte können, ist nicht perfekt. Als wir mal darüber sprachen, woran wir so dachten und ich gerade versuchte eine Antwort zu finden, sagte sie in die Stille hinein: „Aimi?" Meine Begeisterung für die Japanerin schien also ihr Selbstwertgefühl derart in die Höhe katapultiert zu haben, dass es ihr scheinbar nicht im Entferntesten in den Sinn gekommen wäre, dass es etwas vermessen sein könnte, zu behaupten, dass es zu meinen Hauptbeschäftigungen gehörte an sie zu denken.

Eine andere Situation ereignete sich, als es mal um das Orchester ging. Eine Aufführung, an der Aimi beteiligt war, kam zur Sprache. Ich fragte sie, welche Stimme sie spielte, sie antwortete: „Erste. Ich spiele keine zweite." Das war schon eingebildet. Es passte gar nicht dazu, wie sie sonst rüberkam. Außerdem war sie schon einundzwanzig, daher war es irgendwie unreif, vor allem wenn man bedenkt, dass Schuhmann mal schrieb, dass, wenn alle immer nur erste Geige spielen wollten, wir kein Orchester zusammenkriegen würden[44]. Wie schlau er doch war!

Nach Aimi blieb ich nicht mehr lange in Hamburg. Der Jazz rückte nun mehr und mehr in mein Leben. Ich beschloss aufzuhören und mich für ein Jazzstudium zu bewerben. Der Jazztrompeter Barny brachte mir viel bei. Ich weiß noch, wie viele Fragen ich hatte und wie unfassbar wenig ich wusste. Barny erklärte mir die Akkord-Symbole und nannte mir ein paar geile Jazztrompeter. Richtige Stunden nahm ich bei ihm. Die Jazzer im Wohnheim fragte ich auch oft, wenn ich etwas nicht verstand. Ich spürte einfach, dass ich Jazz spielen musste. Es war eine Bauchentscheidung. Da es viel Material einzuarbeiten gab, ich noch massive Kenntnislücken hatte und die Termine der Bewerbungsvorspiele an den Musikhochschulen schon im Mai anfingen, beantragte ich für das Sommersemester 2013 ein Urlaubssemester, wohl wissend, dass ich danach mit dem bisherigen Studium ganz aufhören würde. Als ich merkte, wie wichtig mir das ganze war und ich für das Gehörtraining eigentlich jemanden brauchte, der mit mir im Raum übte – in Hamburg hielt mich nichts mehr – fuhr ich zu meinen Eltern, wo ich mich einen Monat lang mit meinem Vater auf die Aufnahmeprüfung vorbereitete, obwohl gerade der ja anfangs absolut *gegen* meine Entscheidung gewesen war. Jetzt dauerte es wirklich lange, bis ich wieder was mit einer Frau hatte. Eigentlich kam so gut wie gar nichts mehr danach. Und das war wohl auch gut so. Bevor das Jazzstudium anfing, arbeitete ich noch sechs Wochen in einer Fabrik. Acht Stunden pro Tag. Eine Woche Nacht-Schicht, eine Abend und eine Morgen. Das war die Hölle. Das bestärkte meinen Entschluss nur umso mehr. In Dresden kam das Studium an erster Stelle. Es gab wie wahrscheinlich an jeder Musikhochschule einen Haufen attraktiver Damen, was zwar natürlich meine Eier fast zum Explodieren brachte, doch kam es zu keiner Beziehung oder Ähnlichem.

---

44 Quelle: https://www.aphorismen.de/zitat/22261 [21.04.22]

Zum einen gab es sicher genug zu tun, zum anderen verhinderte meine damalige Unsicherheit oft ein Kennenlernen. Außerdem – und das ist eine wirklich tragische Geschichte – hatten so gut wie alle Kandidatinnen, die infrage kamen, schon einen Freund. Eine im Wohnheim, die dieselbe Küche benutzte, hatte einen dicken Arsch, den ich am liebsten begrapscht hätte. Sie war keine Musikerin. Es wurde nichts. Sehr begeistert war ich mal von einer Cellistin. Auf einer Party stellten wir einander vor. Es wurde auch nichts. Auf einer Hochschulparty machte ich die Bekanntschaft mit einer Lehramtsstudentin, gutaussehend, mit kurzen, blonden Haaren. Sie hatte außerdem ein Piercing, keinen Ring, sondern so einen Punkt an der Nase. Sie und ihre Freundin stellten sich in meine Nähe und guckten tuschelnd demonstrativ zu mir rüber. Das war natürlich schmeichelhaft. Sie machten mir wirklich ein leichtes Spiel. Solche Situationen mag ich, obwohl sie plakativ sind, einfach, weil man sicher sein kann, dass die Frau *will*, dass man sie anspricht. Anstatt, dass man nicht weiß, ahnt oder nur hofft, dass eine Dame Interesse an der eigenen Person hegt, sodass man stets Gefahr läuft „etwas hineinzuinterpretieren". Ich ging also rüber und wir wurden einander vorgestellt. Jeannette hieß sie. Vorher waren wir uns nicht sonderlich oft an der Hochschule begegnet. Sie hatte eine angenehme Art. Wir sonderten uns ab, weil die Partymusik so laut war, dass sie das Gespräch behinderte. In meinem Kopf klingelten die Glocken der Vorfreude, ich dachte mir: „Jawohl, das wird was!" Warum gehen denn eine Frau und ein Mann, die sich miteinander unterhalten, von einer Feier weg?

Wir setzten uns hin und unterhielten uns weiter. Irgendwann fragte sie mich, ob ich denn schlecht höre. Verdutzt fragte ich sie wie sie darauf käme. Sie antwortete, dass ich dauernd „Wie bitte?" fragte. Ich verneinte. Bevor wir zurück zu den anderen gingen, ging sie noch einmal auf die Toilette, wo sie so laut urinierte, dass ich es auf dem Gang hörte. Ich wunderte mich ein wenig. Zurück bei den anderen wollte sie dann tanzen. Jeannette bewegte sich eigentlich ziemlich gut. Ich verfiel fast schon in eine Art Starre, weswegen ich ihr mitteilte, dass ich nicht wusste, wie ich mich bewegen sollte. Gnädig hob sie ihren leicht gebeugten Arm über ihren Kopf und während sie ihn auf und ab bewegte, richtete sie ihre gespreizten Handflächen nach oben. Zum Takt der Musik bewegten sich neben ihrem Ellenbogengelenk auch ihre Knie, die sich die ganze Zeit leicht gebeugt zu jedem Beat noch ein wenig mehr beugten. „Ja, erstmal Space-Shuttle", verkündete sie. Mir fiel es unsicherheitsbedingt schwer locker zu sein, daher waren meine Bewegungen recht verkrampft und kantig, als ich versuchte sie nachzuahmen. Sie kicherte ein wenig. Schnell beugte ich mich zu ihr und küsste ihre Wange. Ein Schatten fiel über ihr Gesicht. Sie hatte wohl keine Lust darauf, aber war natürlich viel zu höflich, das zuzugeben, wie die meisten Leute. Kurz darauf gingen wir auseinander. Kurz danach waren ja die Winterferien, in denen wir auch noch telefonierten. Aber es passierte nichts zwischen uns. Ein paar Wochen später war sie mit einem Trompeter zusammen, mit dem ich zu tun hatte. Auch später hatte ich noch mit ihm zu tun, als sie schon längst auseinander waren. Sie waren ja nicht so lange zusammen. Er bezeichnete sie mal als eine von seinen „Lieblings-Exen". Das kann ich gut verstehen. Obwohl es damals immer ein wenig komisch war, wenn Jeannette und ich einander über den Weg liefen, fände ich es heute total spannend, sie wiederzusehen, ganz locker würde ich es heute sehen. Wirklich ernsthaft versucht hatte ich eigentlich danach bis auf bei der Cellistin Ester bei keiner was. Sie wohnte im selben Wohnheim. Nach einer Party schwirrte sie mir ganz schön im Kopf umher. Das war schon bemerkenswert. Übrigens ist das ein Nebeneffekt an Unis und Schulen, von dem ich nicht weiß, ob er positiv oder negativ ist. Die vielen Damen schweben einem im Kopf rum wie die Sau. Also, irgendwann dann fasste ich mir ein Herz und klingelte bei ihr. Sie machte auf, ich bat sie um ein Rendezvous, wir tauschten Nummern aus und machten was für in drei Tagen aus, da sollte ich dann wieder anrufen. Voller Vorfreude wartete ich, bis endlich der Tag da war. Als es dann so weit war, rief ich aufgeregt an. Keiner hob ab. Ich wartete noch ein wenig, dann rief ich erneut an. Wieder dasselbe. Allmählich begann ich zu ahnen, was vor sich ging. Die gute

Ester hatte kein Interesse an meiner Person, sie hatte es mir nur nicht gesagt. Meine Freude schlug in Wut und Empörung um. Das hatte ich nicht erwartet. Wie unglaublich angepisst ich war! Für Ester schien es vollkommen legitim zu sein, meine Anrufe komplett zu ignorieren und so zu tun als wäre nichts gewesen. So dreist war noch keine zu mir gewesen, ganz klar! Ich strafte sie mit einem äußerst bösen Blick, als ich sie wiedersah. Die Zeit danach war sehr vom Studium geprägt, das mir einfach sehr wichtig war. Es stand an erster Stelle. Schon bald hatte ich eine Band, für die ich auch Stücke schrieb und damit war auch nicht mehr viel Zeit übrig. Auf Partys ging ich nur selten. In Hamburg hatte ich das noch öfter gemacht, doch jetzt nervte es mich zusehends, wenn ich am nächsten Morgen schlecht in die Gänge kam. Wenn ich rumhing, machte ich das meist allein. In unserem Jahrgang wurde recht häufig in Gruppen abends bei einem der Studenten abgehangen. Manchmal machte ich auch mit. Vor allem in der WG eines Freundes gefiel es mir und ihn konnte ich auch wahnsinnig gut leiden. Ich habe mich schon öfters gefragt, was er wohl so treibt, und mir gedacht, dass ich ihn eigentlich mal anrufen könnte. In Leipzig sitzt er. Bei den Gruppentreffen war so gut wie nie eine Frau dabei, höchstens mal die Freundin des besagten Freundes (sie war auch sehr angenehm). Was jedoch an den Gruppendingern nervte, war, dass fast immer jemand dabei war, den ich nicht absolut mochte, außerdem fanden sie auch oft unverschämt spät statt. Das ließ dann irgendwann auch nach. Mit einer Frau von den Kanaren, die im selben Jahrgang wie ich studierte, sie war Sängerin, freundete ich mich an. Wir verstehen uns nach wie vor sehr gut. Kurz bevor ich Dresden verließ, trafen wir uns nochmal, nachdem wir ewig nichts unternommen hatten, seit dem Ende unseres gemeinsamen Studiums nämlich. Sogar ihr Abschlusskonzert besuchte ich. Es war irgendwie originell. Ich mochte ihren Körper. Sie hatte einen femininen Hintern. Wenn wir allein waren, grabschte ich manchmal ein wenig. Ihr war es nicht recht, doch ein wenig ließ sie immer zu. Sie hatte ja einen Freund und war ein gutes Stück älter. Manchmal küsste ich sie auf die Wange, was sie besser aufnahm als die Fummelei.

Wir kamen sehr gut miteinander aus. Ich glaube, ich war für sie immer eine Art Junge, für den sie mütterliche Gefühle hegte. In unserem Jahrgang gab es eine kleine Gitarristin, in die ich mich irgendwann verliebte. Meiner kanarischen Freundin blieb das nicht verborgen. Wenn sich eine Situation ergab, bei der wir zum Beispiel in der Mensa nur mit ihr zu dritt an einem Tisch saßen, gab sie dem Gespräch eine Wendung, die die Gitarristin und mich in irgendeinen Bezug zueinander setzten. Das schätze ich so an der Kanarierin, dass sie es nicht so billig und offensichtlich sondern auf ihre eigene, subtile, unschuldig wirkende Art machte, in her „own sweet way", um einen wunderschönen Jazzsongtitel zu zitieren. Manchmal kam ich auch mit der Gitarristin allein ins Gespräch. Wir verstanden uns prächtig. Sie war schon eine interessante und kommunikative Person, zum Beispiel erzählte sie mir mal, wie abartig sie es fand Geschirr von Hand zu spülen. In ihrer Wohnung sei eine Spülmaschine für sie so wichtig, dass sie behauptete, selbst, wenn sie so gut wie kein Geld mehr hätte, würde sie noch dieses letzte bisschen zusammenkratzen für so eine vermaledeite Spülmaschine. Grundgütiger, wie schlimm kann man spülen finden? Man greift ja nicht ins Klo oder so. Doch diese Abneigung zu spülen findet sich gar nicht so selten. Als ich mal im Wohnheim in der Küche war, entdeckte ich zwei Gummihandschuhe mit ungewöhnlich langen Ärmeln. Halten Sie sich fest, lieber Leser! Es stellte sich nämlich heraus, dass eine meiner Küchengenossinnen sich diese überzog, bevor sie spülte, weil es „hygienischer" sei. „Das kann doch nicht wahr sein", dachte ich. Dass viele Leute keine Lust haben zu spülen, es verschieben oder sich das Geschirr stapelt, war mir ja bekannt, dass es allerdings Leute *ekelt,* das war mir neu!

Ich lud die Gitarristin nie ein. Sie ist jetzt mit einem Trompeter zusammen, der jetzt in einer Band spielt, in der ich war, bevor ich Sachsen verließ. Bestimmt werden wir uns irgendwann nochmal sehen, darauf freue ich mich auch. Später, als meine Gefühle für sie schon längst abgeklungen waren, waren mein Wohnheimnachbar und ich mal bei einem befreundeten Schlagzeuger in der Bude. Aus irgendeinem Grund waren ausnahmsweise auch drei Mädchen da. Eine von ihnen war die Gitarristin. Es war eine recht fröhliche Runde, bestimmt gab es auch Bier. Wir saßen da, witzelten und quatschten. Während die Musik lief, kamen wir irgendwie auf Eminem zu sprechen. Das Thema drehte sich davon irgendwie zu mir, wohl, weil ich gesagt hatte, wie sehr ich ihn bewunderte. Sie sagte dann, ich wollte bestimmt sein wie er und ich gab es zu. Ich hatte davor nämlich erwähnt, dass eine aus dem Wohnheim mir mal gesagt hatte, dass ich sie an Eminem erinnerte und wie unfassbar schmeichelhaft das damals für mich war. Jetzt wirbelten noch mehrere Themen mit rein. Plötzlich stellte sich die Runde auf Anraten der Gitarristin mich als Rapper vor. Zusätzlich kam irgendwie das Thema Freundin oder so mit rein. Also ging es dann irgendwie darum, wie es wäre, wenn ich eine hätte und jeder gab irgendwie seinen Senf dazu. Ich wusste nicht, wie ich mich verhalten sollte. Es irritierte mich nämlich, dass es so sehr um mich ging. Jedenfalls sagte die Gitarristin dann: „János muss sich erst noch verlieben." *Das* war nun wirklich der Gipfel der Ironie. Beinahe hätte ich laut gelacht, aber die Benommenheit war stärker als der Zufall.

Der Drummer, bei dem das Ganze stattfand, mit dem gründete sie später eine Band, ein Trio. Es gibt sie auch immer noch. Sie sind glaube ich ziemlich cool. Mit dem Trompeter allerdings, mit dem sie später zusammenkam, war sie ja wie gesagt in keiner Band. Es ist interessant unter Musikerpaaren. Manche lernen sich in einer Band erst kennen, manche sind ewig in einer Band und kommen dann zusammen (das dürfte seltener sein), andere spielen gar nicht in derselben Band, wieder andere werfen jemanden aus der Band raus, um ihn dann durch den Partner zu ersetzen und einige gründen sogar eine neue Band mit dem Partner, nachdem sie zusammengekommen sind und es ist ihr absolutes Oberprojekt.

Ansonsten gab es wenig Sexuelles. Natürlich war ich von der bereits oben erwähnten Schönheit der Damen angetan, aber naja, irgendwie kam es zu nichts. Kurz nach dem Ende meines Studiums versuchte ich es bei einer Flötistin, doch das wurde nichts. Sie hatte eine sehr nervige Art auszuweichen, weil sie kein Mensch war, der einfach rundheraus zugab, dass er die Gefühle seines Gegenübers nicht teilte.

Dann, kurz bevor ich endgültig nach Berlin abhaute, traf ich auf einer Session Lorna. Sie war unter den Zuhörern und als ich nach Hause fuhr, wartete sie an derselben Haltestelle. Da sie in meiner Nähe stand, erforderte es nicht so viel Mut, mit ihr ins Gespräch zu kommen. Sie erzählte begeistert, dass sie Lorna hieße und dass ihr sehr gefalle, wie wir spielten. Es wirkte authentisch, ich kaufte es ihr ab.

Sie selbst sei zwar Geigerin, und spiele klassische Musik, allerdings interessiere sie der Jazz sehr. Sie setze sich sogar in manche Jazzvorlesungen. Es war nur eine sehr kurze Fahrt, nur eine Haltestelle, dann stiegen wir gemeinsam aus. Dann teilte sie mir mit: „Ich muss da lang", während ihre Hand leider in die Richtung deutete, in die ich nicht musste. Wir gingen also auseinander und während ich nach Hause ging, durchströmte mich ein wohliges Gefühl. Worüber haben wir eigentlich geredet, dachte ich mir noch, denn es war eines jener Gespräche, bei denen eher der Eindruck als der Inhalt im Gedächtnis blieb, ein Gespräch, das wie in Trance geschah. Wahnsinnsaugen hatte sie und einen festen Blick, ganz klar. In den Tagen danach schwirrte sie mir noch sehr im Kopf rum. Ich suchte die Hochschule auf, um sie zu einer Unternehmung einzuladen. Sie war nicht da. Die Pförtnerin, deren Verzeichnis alle Räume anzeigte, bestätigte das. Ich tigerte noch ein wenig umher. An den Türen der Einspielräume, die man nur 30 Minuten am Stück belegen durfte, waren Listen angebracht, in denen sich die Musiker eintragen konnten, um einen Raum zu nutzen. Auf einer dieser Listen war Lornas Name. Ich merkte mir den Tag (es war glaube ich einen Tag später) und die Uhrzeit und ging dann zu der Zeit wieder hin.

Pünktlich prüfte ich am nächsten Tag den Raum. Keine Lorna! „Sie kommt wohl gleich!" dachte ich und schritt im umliegenden Korridor umher. Einige Minuten später prüfte ich das Zimmer erneut. Sie war immer noch nicht da. Mittlerweile war wohl davon auszugehen, dass sie von ihrer Reservierung keinen Gebrauch machen würde, also begab ich mich auf den Nachhauseweg. Als ich das Gebäude verließ und nach rechts schaute, kam da, Sie werden es ahnen können … Lorna!

„Perfekt", dachte ich und ging ihr entgegen. (Zum Verständnis des folgenden Wortwechsels muss vorweggenommen werden, dass Lorna zwar einige Worte sagte, aber ihr kompletter Ausdruck von ihren Augen ausging).

„Ich habe dich gesucht!"

„Mich *gesucht*??"

„Ja, dein Name war an den Übe-Räumen!" Sie schwieg und schaute mich intensiv an.

„Ich wollte dich fragen, ob wir mal was machen können?"

Nun schaute sie mir noch intensiver in die Augen, als ob sie wirklich nachdenken müsste. Der Moment zog sich in die Länge. Ich wollte schon fast noch was sagen, als ihre Antwort kam:

„Ich habe einen Freund."

„Achso, na, dann … vielleicht sieht man sich ja mal." Und das taten wir auch. Auf der nächsten Session, bei der ich sie sah, kam sie sogar mit ihrem Freund. Es lief reibungsfrei und respektvoll ab. Viele Niederlagen stärken den, der verdammt ist, ein Gewinner zu sein. Wir saßen wieder in der gleichen Bahn, diesmal allerdings nahmen wir die langsame die mehrere Stationen brauchte. Sie und ihr Freund guckten mich leicht tadelnd an. Haha! Was das sollte, verstand ich überhaupt nicht, warum zum Geier hatte sie ihm überhaupt von mir erzählt (davon gehe ich jetzt mal aus)?

Lorna würde ich gerne wieder begegnen, vor allem um zu prüfen ob ihre Augen wirklich so speziell sind, wie sie mir in Erinnerung sind. Wir kannten uns ja gar nicht richtig, hatten zweimal miteinander geredet und uns circa dreimal gesehen. Lorna war eine der zwei Damen, die mich am stilvollsten abgewiesen hatten. Kurz danach ging es dann nach Berlin.

Der erste Monat in Berlin war relativ geschäftig, weil es zum einen in der Wohnung recht viel zu erledigen gab und zum anderen ich noch immer einmal pro Woche für zwei Tage nach Dresden fuhr, um zu unterrichten. Rückblickend waren diese

Zweitagesaufenthalte eigentlich recht schön, weil ich genügend sozialen Umgang hatte. Übernachten durfte ich zum Glück in der Musikschule. Da war abends immer eine Wahnsinnsatmosphäre. Die Möbel und die gepolsterten Stühle sahen so aus, als wären sie über hundert Jahre alt. Die Zimmer waren nach berühmten Komponisten benannt und an jeder Tür hing ein Bild von einem. Das Haus war so positioniert, dass kein anderes direkt angrenzte, weil ein Garten und eine Auffahrt es umringten. Es hatte mehrere Stockwerke und Kammern. Abends war außer mir keiner mehr da und Sie können sich vorstellen, was für eine gruselige Aura da entstand. Es gab auch eine richtige Küche, eigentlich war es ein Haus mit einem zusätzlichen Gebäudeteil, der aber nur einstöckig war. Dort waren ein paar Zimmer, ein Saal, eine Dusche, ein Durchgang, der gleichzeitig eine Art Bibliothek mit sehr vielen Büchern an den Wänden war, Toiletten sowie eben die Küche.

Ein paar Monate zuvor hatte es im Spätfrühling ein tolles Großprojekt mit Kindern und Jugendlichen aus Polen, Weißrussland und der Tschechei mit Übernachtungen und Verpflegung in der Schule gegeben, doch der Kücheninhalt war mir weitgehend unbekannt geblieben, weil ich musikalische Belange regelte und nicht servierte oder zubereitete. An meinen regulären Unterrichtstagen hatte ich manchmal Kaffee aus der Küche getrunken, denn dort stand immer eine gefüllte Kanne.

Als ich dann abends den Kühlschrank öffnete, war ich sehr erfreut. Es gab Toastbrot, Schwarzbrot (Pumpernickel?), saure Gurken, Marmeladen, Plätzchen, einen Topf mit ganz vielen kleinen Steaks, Hühnerbeinen und Fleischspießen, Milch und vieles mehr. Auf dem Herd stand ein Topf mit Glühwein, von dem ich mir einschenkte und nicht nur einmal! Auch Kakao, Bananen, Nüsse, selbst Äpfel hatten sie. In einem Teil des Wandschranks waren die ganzen langlebigen Sachen drin: Reis, Nudeln, Zucker etc. Meine Güte, am ersten Abend habe ich wohl Nudeln mit diesen Fleischstücken gegessen. Es kam wirklich sehr gelegen. In der nächsten Woche schob ich einen Zwanni in den Schlitz der Spendendose, die so eine Art Bär war. Nach meinem ersten Monat in Berlin war das Jahr zu Ende und meine Arbeit an der Musikschule beendet. Ich war sehr viel zu Hause, um einen Job hatte ich mich kaum bemüht, da meine Entscheidung umzuziehen recht spontan erfolgt war. Eigentlich wollte ich ja im Sommer umziehen, doch als mir klar wurde, was für ein umfassendes und umkämpftes Unterfangen das Ganze darstellte, und schon im Herbst das Angebot kam, im Dezember in die Wohnung einer Freundin einer Bekannten zu ziehen, tat ich das. Ich war sowieso schon seit längerem von meiner Wohnsituation in Dresden angepisst. In der Zeit kurz vor dem Wohnungsangebot, als ich mir einen Überblick über den dortigen Wohnungsmarkt verschaffte, hatte ich zwar alle städtischen Musikschulen Berlins, sie haben ja in jedem Bezirk eine, angerufen, doch brauchten sie gerade niemanden. Geld hatte ich ja zu der Zeit wirklich genug, also konzentrierte ich mich auf das Musikalische. Ende Januar fing ich dann an auf Sessions zu gehen. Der Bassist Bob, der im A-Trane die Sessions leitete, lud mich zu der nächsten Session in Reinickendorf ein. Dort wurde ich Stammgast. Es gab da eine Kellnerin, die mich sehr nett grüßte und mir – zumindest habe ich das so wahrgenommen – mehrmals bedeutungsschwangere Blicke zuwarf. Als ich mal am Tresen stand und sie gerade ausnahmsweise mal nicht durch den Raum segeln musste, nahm ich meinen ganzen Mut zusammen:

„Und, was machst du am Wochenende?"

Sie schaute etwas ratlos drein.

„Ausschlafen."

„Wir können ja was zusammen machen."

„Das ist sehr nett, aber ich habe einen Freund."

„Achso, ok!"

Lorna und die Kellnerin waren wirklich die, die mich am besten zurückgewiesen hatten. Die Kellnerin war vielleicht noch besser, weil es bei ihr klang, als ob sie es wirklich bedauerte, während Lorna recht nüchtern rüberkam, beziehungsweise man bei ihr spüren konnte, dass ich ihr emotional nicht wichtig war. Sie war wohl ein wenig überrumpelt, wahrscheinlich war ich für sie ein oberflächliches Büblein. Ich wette, ihr ging Folgendes durch den Kopf: „Boah, ist der oberflächlich, wir kennen uns doch noch fast gar nicht." Oder, falls sie schlechte Menschenkenntnisse hatte gepaart mit zu Klischeemustern neigendem Denken, wovon ich nicht zwingend ausgehe: „Der hat es aber echt nötig!" Gerade der zweite Gedankengang würde von einer völlig falschen Einschätzung der Situation zeugen. Es wird wohl eher der erste gewesen sein. Was soll ich sagen? Sie hatte einen sehr intensiven Eindruck hinterlassen. *Ich* wusste, dass ich sie wollte. Außerdem, was kann ich dafür, dass ich bei Menschen schon sehr schnell das Gefühl habe, sie gut zu kennen, schon kurz nach dem Vorstellen oder der Begrüßung? Es wäre interessant zu wissen wie andere in der Hinsicht ticken. Wenn mir jemand gefällt, dann spüre ich das nun mal. Wer nicht?

Ansonsten gab es noch ein Erlebnis: Wir waren mit ein paar Leuten im B-Flat und spielten auf einer Session, auch der schräge Gregor war vonstatten. Die Session war beendet, wir hatten noch ein wenig mit Leuten geredet und waren dann raus vor den Club gegangen, da kam eine relativ große junge Frau von der Seite daher geschritten. Sie war eine Bekannte von Gregor, die er uns als Lisa vorstellte. Sie hat wohl eine Lederjacke angehabt. Wir beschlossen noch in eine Bar zu gehen. Völlig entgegen meiner Gewohnheit ging ich mit. Es hatte seit mehreren Wochen mehr oder weniger durchgeregnet, weswegen der Regen zum Gesprächsthema wurde. Weil Lisa noch nicht lange in Berlin war, behauptete sie überzeugt: „Seit ich in Berlin bin, regnet es."
    Die Suche nach einer Bar gestaltete sich schwierig, weil sie uns entweder nicht gefiel oder zu voll war. Einmal wurden wir sogar aus irgendeinem Mistgrund gar nicht reingelassen. Schließlich wurden wir in der Torstraße fündig.
    Im B-Flat hatte ich sicher schon etwas Bier getrunken. Die Chemie zwischen Lisa und mir passte definitiv. Ich meinte eine Verbindung zu spüren, wenn unsere Blicke sich trafen. Sie hatte eine tolle, geschmeidige und biegsame Art. Alles an ihr war sanft. Es gibt ja irgendein Sprichwort, das Frauen mit Katzen vergleicht, speziell bewegungstechnisch traf das auf Lisa zu.

Ja, es war schon ein schöner Abend, sodass es mir beim Verfassen dieser Zeilen Spaß macht zurückzudenken. Die Bar war fast leer, was mich freute, aber eigentlich schwer nachvollziehbar ist, denn sie war wirklich gemütlich. Sie war ziemlich dunkel gehalten, es wurden wohl sogar Kerzen angemacht, die Toiletten waren sehr hygienisch, was ja leider nicht selbstverständlich ist, und irgendwo gab es auch ein blaues Licht, was ja nicht jedermanns Sache ist, jedoch war es unaufdringlich und es betraf auch nicht unsere Ecke. Wir saßen auf Ledersesseln, die deutlich weicher waren, als ihr Anblick vermuten ließ. Gregor saß mir gegenüber und Lisa saß links neben mir. Neben Gregor saß übrigens Morty. Morty war ein interessanter Mensch. Er war auch im B-Flat gewesen, höchstwahrscheinlich war er sogar mit Gregor hingegangen, danach war er mit uns mitgekommen. Er war recht klein, trug einen Hut, hatte ganz bleiche Haut und sprach wie alle Amerikaner mit einem witzigen Akzent. Den ganzen Hinweg hatte ich mich schon gefragt, ob er eine Frau oder ein Mann war, denn er hatte keinen Bart, keine tiefe Stimme, war leicht rundlich und hatte aber kurze Haare. Ich ging fast schon davon aus, dass er eine Lesbe war. Irgendwann ging es nicht mehr anders, ich fragte: „Bist du eigentlich eine Frau oder ein Mann?", oder so ähnlich und er sagte: „Ein Mann." Natürlich ist eine solche Situation immer irgendwie komisch, aber man konnte sich bei ihm wirklich nicht, aber auch gar nicht sicher sein, sonst hätte ich diese Frage vermieden. Nun hatte ich mir wenigstens Klarheit verschafft.

Morty studierte irgendwas mit Geschichte und wollte an sich noch länger in Deutschland bleiben. Erstmal hatte er eine Genehmigung für ein Semester,ob er noch länger bleiben könne, würde noch von verschiedenen Faktoren abhängen. Er hoffte auf eine Entscheidung zu seinen Gunsten, erzählte er uns.

Später fragte er mich: „János, kennst du Louis Armstrong?" Gregor lachte herzlich, weil er genug Fachkenntnis hatte, um zu wissen, dass es an ein Wunder grenzen würde, wenn ein junger Jazztrompeter nichts von ausgerechnet dieser Person gehört hatte, ohne die dieser Stil gar nicht entstanden wäre. „Ist die Frage nicht süß?", fragte Gregor. Ich versuchte, dem weniger bewanderten

Morty so gut es ging ohne großes Ausschweifen in einer Antwort klarzumachen, wie zentral Louis war.

Gregor hatte Pistazien bestellt und auf meine Anmerkung hin, dass diese doch durch ihre nervigen Schalen viel zu viel Arbeit beim Essen machen würden, erklärte er mir einen Trick, mit dem es leichter ging. Gregor musste schon zahllose Nüsse gegessen haben, so gut wie er die Technik beherrschte. Leider kriegte ich es nicht hin, deswegen verzichtete ich bald auf die Pistazien, weil mich die Friemelei zu sehr störte. Auch wurde ich in der Unterhaltung immer mehr zum Hörer, da mich Lisa zusehends in ihren Bann zog.

Selbst ihre Art zu sprechen war zart. Es war wirklich ein Phänomen. Es war erquickend sie von der Seite zu mustern. Fasziniert glotzte ich sie an. Sie redete ja mit den anderen, deswegen war ihr Gesicht nach vorne gerichtet. Erst nach einiger Zeit des Gaffens wandte sie sich mir zu, lächelte verständnisvoll und schnaubte dann ganz leicht durch die Nase. Es war ihre Art mir zu vermitteln, dass man es auch übertreiben konnte. Gleichzeitig schien sie allerdings zumindest ein bisschen geschmeichelt.

Lisa wandte sich wieder den anderen zu und die Unterhaltung nahm ihren Lauf. Weil es im B-Flat schon Bier gegeben hatte, hatte ich mir genug Mut angetrunken, um irgendwann Lisas Handgelenk zu packen und ihren Unterarm euphorisch zu schütteln. Eine Sache, die ich einer Person, die ich gerade erst kennengelernt hatte, nüchtern auf keinen Fall zumuten würde. Hatte sie mir vorher noch nur durch ihre Gestik Ablehnung signalisiert, schritt sie diesmal zur Tat. Sie packte mit ihrer freien Hand mein Handgelenk und zog daran, damit ich sie losließ.

Irgendwann sagte Gregor: „Ihr habt irgendwie so eine Verbindung zwischen euch."

„Die Verbindung kommt aber nur von einer Seite", entgegnete Lisa.

Da dürfte wohl jedem klar sein, wie das gemeint war. Ich steckte das erstaunlich gut weg.

Als Lisa mir irgendeine Frage stellte, sagte ich: „Aber ja, mein Kind!" Hahaha, der Blick, den sie aufsetzte, war Gold wert. Sehr schwer zu beschreiben. Vielleicht am ehesten mit dem eines Rehs zu vergleichen, das, sobald es einen Eindringling bemerkt, abrupt mit dem, was es gerade tut, aufhört und seinen Kopf sofort hochschnellen lässt, um dann mit geschärften Sinnen in Alarmstellung innezuhalten. Definitiv war es einer jener Momente, in dem die Redewendung „ein Schatten fuhr ihr über das Gesicht" mehr als angebracht war.

Meine Wortwahl hatte in ihr heftige Abwehrreaktionen hervorgerufen. Es kam wahrscheinlich recht gruselig rüber und man sah Lisa ihre Spontanblockade an. Irgendwann ging dann jeder nach Hause. Einen Kneipenbesuch nach einer Session hatte es schon lange nicht mehr gegeben (was nicht heißen soll, dass Kneipenbesuche vor einer Session öfter vorkommen).

Nach Lisa benannte ich meinen nächsten Song. Er wurde bisher noch nicht aufgeführt.

Es sind jetzt nicht absolut alle, aber die meisten sexuellen Aktionen erwähnt worden, einige wenige müssen aus Diskretion und Respekt vor den Beteiligten verschwiegen werden. Wenn mich nichts täuscht, muss das wohl meine letzte sexuelle Aktion mit einer Dame gewesen sein. Es gab dann noch eine Französin auf einer kleinen Party. Wir feierten zuerst auf einer Kegelbahn, dann zog noch ein Teil der Gruppe weiter, um eine Bar aufzusuchen, weil die Kegelbahn bescheuerterweise schon früh zumachte. Die Partyteilnehmerin war sackbesoffen. Sie neigte sehr zu Schwärmereien. Wir hatten an dem Abend kein Wort miteinander gewechselt, weil sie auf der Nachbarbahn spielte. Gerade als wir im Begriff waren loszuziehen, stellten wir uns einander vor. Als ich ihr meinen Namen sagte, war sie ganz hin und weg und sagte, bzw. lallte: „Das ist so süüüüß!" Draußen beim Suchen übergab sie sich dann. Wie auch schon damals mit Gregor gestaltete sich die Suche nach einer geeigneten Bar schwierig. Einmal fanden wir eine gute, aber da war es zu voll. Obwohl es wirklich nicht mein Plan war – ich wäre ja eigentlich nach dem Kegeln nach Hause gegangen, hätte Tim mich nicht überredet – bot ich, unter der Prämisse, dass wir die Besoffene nicht mitnehmen, weil ich fürchtete, dass sie schwer aus der Wohnung zu kicken wären, an, dass wir in meiner Wohnung weitertrinken könnten. Tim checkte die Lage und teilte mir mit, dass „die Problemfälle" nach Hause gingen.

Die Schwärmerin wurde von einem Mann nach Hause geleitet, der selbst nicht viel nüchterner war. Also ging es ab zu mir. Dort war es gemütlich. Wir waren zu sechst: Tim, seine Freundin, die Französin Camille, ihr Freund, ein Juristenfreund Tims und ich. Beim Kegeln hatte ich viel mit der Französin und ihrem Freund geredet, weil wir uns eine Bahn teilten, doch jetzt redete ich in erster Linie mit der Französin, weil wir als einzige auf dem Boden saßen. Die anderen saßen bis auf den Freund der Französin, der auf einem Stuhl Platz genommen hatte, alle auf dem Bett. Es war sehr schön mit Camille zu reden. Ich erfuhr viel über sie. Sie hatte ein freies, sympathisches und ungehemmtes Lachen, das einem das Herz aufgehen ließ. Sie erzählte, dass sie bulgarisch kochen konnte und am nächsten Tag eine kleine Party mit eben diesem Essen veranstaltete. Es war durchaus verlockend. Leider spielten wir am nächsten Tag mit Bobs Band im Schlot, weswegen ich nicht konnte. Genauso wenig konnte sie zu unserem Konzert. Mist!

Einmal redete die Gruppe über einen berühmten deutschen Schlagersänger. Sie kannte ihn natürlich nicht und fragte: „Wer?"

Doch war die Runde zu eifrig am Debattieren und ihre Frage ging unter. Da legte ich, mutig, wie der Alkohol mich gemacht hatte, meine Hand auf ihren Rücken, um sie über die ganze Länge ihres Rückens an der Wirbelsäule entlanggleiten und dann streichelnd auf und ab wandern zu lassen, während ich antwortete: „Ein toooller Mann!" Sie ließ es zu und blickte leicht lächelnd vor sich hin. Es schien ihr zu gefallen. Wer weiß wohin das alles geführt hätte ohne ihren Freund?! Der war zwar eigentlich recht angenehm, was ja sicher nicht immer so ist – bei vielen Freunden angenehmer Frauen ist ja das Gegenteil der Fall – doch war die Tatsache, dass er nun mal da war, bei einer Eroberung Camilles sicher nicht gerade förderlich. Irgendwann war es dann zu Ende und alle hauten gleichzeitig ab.

Somit wurde auch daraus nix. Das war dann aber wohl wirklich die letzte Aktion. Tja, Leute, so sieht's aus. Es gibt zwar eine, die interessant zu sein scheint, eine rothaarige Verkäuferin bei Rewe, wohl noch sehr jung, kleines Tattoo am Arm, habe mich aber noch nicht getraut sie anzusprechen.

9.
Angst

Lieber Leser, wovor haben Sie am meisten Angst? Oder in welcher Situation hatten Sie am meisten Angst? Wie fühlt(e) es sich an? Wie sind Sie mit der Situation umgegangen? Hier gerne Leserbriefe, „same procedure as every year". Was sind die typischen Ängste der Menschen (hier meine ich mal den Begriff „Urängste" gehört zu haben)? Die typischen Ängste sind Angst vor dem Tod, vor Krieg, dem Unbekannten, Ausgrenzung oder Versagen. All diese Ängste sind Verlustängste, bis auf die Angst vor dem Unbekannten. Bis auf diese sind sie auch allesamt soziale Ängste. Somit nimmt eindeutig die Angst vor dem Unbekannten eine Sonderstellung ein, worauf noch gesondert eingegangen wird. In der modernen Welt sind die typischen Ängste in anderer Form anzutreffen. Mittlerweile hat sich unsere Welt natürlich ein bisschen verändert und man muss nicht mit der Konfrontation mit einem Säbelzahntiger rechnen, sobald man das Haus verlässt. Die Angst vor dem Tod äußert sich im Bestreben möglichst alt werden zu wollen und die Angst vor dem Unbekannten in der Ablehnung des Dazulernens und der Geringschätzung neuer Inhalte. Die Angst vor Ausgrenzung äußert sich unauffälliger am Verhalten der Mehrheit orientierter Lebensweise und die Angst vor Versagen äußert sich in der Vermeidung von Risiko. All diese Ängste haben mit der Angst davor etwas zu verlieren, etwas loszuwerden zu tun. Es sind Ängste vor „weniger". Bei der Angst vor dem Unbekannten handelt es sich als einzige um eine Angst davor etwas zu kriegen. Es ist Angst vor mehr. Die Verlustängste sind recht leicht nachzuvollziehen. Die Betroffenen denken mehr oder weniger: „*Alles, was wir haben, brauchen wir, denn alles, was wir nicht brauchen, haben wir nicht, denn wir trennen uns ja schon von allein von dem, was wir nicht brauchen,*

warum sollten wir also etwas hergeben?" Das ist die Psychologie da-
hinter. Insofern recht nachvollziehbar. Die Angst vor dem Unbekannten funktioniert völlig anders. Da ist der Grundgedanke:
*„Wir haben doch schon alles, was wir brauchen und mehr brauchen wir
nicht.*" Das ist der bescheidene Teil der Angst. Der andere Teil
ist folgender: *„Wenn ich jetzt dies und das anders (auf die neue unbe-
kannte Art) mache, dann kann ja irgendwas passieren, das schiefgehen
könnte.*" Mit anderen Worten: Nur weil der unwahrscheinliche
Fall eines Missgeschicks eintreten könnte, wird das Unbekann-
te nicht ausprobiert, obwohl es – einmal gelernt – eine enorme
Erleichterung für die Zukunft mit sich bringen könnte. Merken
Sie wie bescheuert das ist? Hier gibt es eine Parallele zum Kapitel „Mut", in dem dasselbe auf das Kennenlernen neuer Leute
übertragen wird. Übrigens, zur „Urangst" gibt es einen Wiki-
Artikel, zum „Urmut" allerdings nicht.

VOM ZWECK DER ANGST

Die heutige Welt ist, wie oben bereits angedeutet, eine völlig andere als die, in der die Angst entstanden ist. Deswegen ist Angst,
weil ja die Situationen, in denen sie auftritt, auch andere sind als
damals, oftmals eine übertriebene und überflüssige Reaktion.
Wir verbringen nicht mehr den halben Tag auf der Jagd. Lebens-
gefährliche Bedrohungen standen aber zur damaligen Zeit an
der Tagesordnung. Angst ist demnach das Gefühl, das uns in die
Lage versetzen soll, auf eine sofortige Bedrohung unseres nackten Überlebens zu reagieren. Sie sorgt dafür, dass wir, ohne zu
überlegen, lebend der Bedrohung entrinnen. Ohne zu überlegen?
Ganz genau, denken würde zu lange dauern! Im Fall einer lebens-
gefährlichen Bedrohung macht es auch Sinn, dass der Intellekt zu
Gunsten des Instinkts unterdrückt wird. Ärgerlicherweise setzt
sich dieser Mechanismus auch bei weit weniger gefährlichen Situationen ein, weswegen wir, wenn wir nicht gegensteuern, uns
übertrieben und falsch, panisch verhalten. Die Angstreaktion ist

„weglaufen". Das heißt sie ist ein psychisches Phänomen, das die Physis mobilisiert. Leider ist dies in den Situationen, mit denen wir es heute zu tun haben, die falsche Reaktion. Angenommen Sie müssten einen Vortrag vor vielen Leuten halten und wären nervös. Wird Ihr Vortrag besser, wenn Sie schneller atmen, Ihr Herz rast, Ihre Hände schwitzen und sich Ihre Wahrnehmung derart verengt, dass Sie die Gefühle des Publikums gar nicht mehr registrieren können? Natürlich nicht! Sie würden sich öfter versprechen, mehr Fehler machen, Meldungen übersehen, Dinge aus Versehen wiederholen oder auslassen, unsicher und verkrampft wirken, keine Witze am Rande machen und falls jemand aus dem Publikum mal einen Witz machen sollte, ihn nicht verstehen.

Warum sollte der Körper bei einer geistigen Tätigkeit maximal hochfahren? Das bringt höchstens einem Kampfsportler etwas. Begreifen Sie die Sinnlosigkeit dieser Verhaltensweise? Leider befreit uns das Begreifen der Angst nicht von ihr. Ihr irrationales Wesen macht sie zu einem mächtigen Begleiter in unserem Leben, weswegen wir uns nun mit dem Umgang mit der Angst beschäftigen werden. Übrigens, denken Sie, der Angst- oder der Mut-Artikel auf Wiki ist länger? Ich denke, der Angst-artikel… Ja, so ist es.

VOM UMGANG MIT DER ANGST

„Stoße die Tür auf, vor der du dich am meisten fürchtest."[45]

Bisher wurden Sie oft am Anfang eines Kapitels etwas gefragt. Jetzt drehen wir den Spieß mal um. Wovor fürchte ich mich am meisten?

Am meisten fürchte ich mich vor Straßenmusik. Inwiefern? *Ich fürchte mich davor Straßenmusik aufzuführen.* Weshalb? *Ich*

---

45 Quelle: Arthur Lassen, Heute ist mein bester Tag, [1995]

habe Angst vor den Leuten. Hast du ihnen was getan? *Nein.* Dann werden sie dir nichts tun. Hast du noch Angst? *Ja.* Wovor? *Vor den Leuten.* Was soll passieren? *Vielleicht finden sie es nicht gut.* Du fürchtest also ihre Meinung? *Ja.* Kann eine Meinung treten, schubsen etc.? *Nein!* Dann kann sie dir nichts anhaben. Dann musst du es schaffen dir nichts mehr aus der Meinung anderer zu machen. *Wie soll das gehen?* Überlege, wie du dich Menschen gegenüber verhältst, von denen du eine schlechte Meinung hast. Tust du ihnen was? *Nein.* Denkst du viel über sie nach? *Nein.* Gehst du ihnen nicht sogar aus dem Weg? *Ja.* Na, also!

Vielleicht helfen dir folgende Überlegungen auf der Straße:
- Den meisten Menschen bist du egal.
- Die meisten sind zu höflich, um dir direkt was Schlechtes zu sagen.
- Manche bemerken dich gar nicht.

Und nochmal speziell für Musiker: Die meisten Leute mögen Musiker, weil diese sie aus dem Alltag rausreißen. Gerade ältere Menschen werden dadurch auch daran erinnert, dass sie es bereuen, ihr Musikinstrument aufgegeben zu haben, falls sie mal eins gelernt haben. Kennen Sie die oben angewandte Technik? Sie besteht aus zwei Teilen: der Zerlegung des Problems (Wo liegt das Problem?) sowie der Ergründung des Problems (Was ist das Problem?). Auf diese Technik kommen wir noch zurück.

Übrigens bin ich gerade eben von der „Stramu" (=Straßenmusik) zurückgekommen, habe also eine meiner größten Ängste besiegt, wie man so schön sagt und ich muss sagen: Es war sehr gut, dass ich das gemacht habe. Beim dritten Lied ca. kam plötzlich von meiner Rückseite rechts ein Bullenauto mit Sirene und in Wahnsinnsgeschwindigkeit. Vielleicht vierzig Meter vor mir entfernt hielt das Auto und drei Bullen stiegen hastig aus und rannten los. Sie taten es in dieser typisch polizistenhaften Entschlossenheit, die genau dann entsteht, wenn jemand sich sorgfältig eingeredet hat, dass es jetzt angebracht ist so zu handeln, selbst oder gerade wenn Gewalt im Spiel ist. Als sie so entschlossen aus dem Wagen stiegen, hatte ich kurz Angst. Allerdings zwang ich mich locker zu bleiben, weil ich ja schon vorher die Genehmigung in meine Hosentasche gesteckt hatte. Zum Glück rannten sie in die andere Richtung. Kurz darauf kamen mit einem Mordsgepiepe zwei oder sogar drei Bullenwagen auf der anderen Seite an und hielten auf derselben Höhe. Noch mehr Bullen rannten den anderen Bullen hinterher. Haha, ich habe sogar kurz zu den Sirenen musiziert. Auf mich hat keiner mehr geachtet. Alle Passanten glotzten nur noch auf die Ordnungshüter. Meine Güte, das war mein zweites Mal am Wittenbergplatz und beide Male gab es einen Polizeieinsatz (ob ich damals, als ich zur Gema fuhr, woanders ausstieg, weiß ich nicht mehr). Heute war ich wieder da und es gab zwar keinen Einsatz, aber mehrere Bullenwagen sind vorbeigefahren. So viel zur Stramu.

Um auf die Zerlegungstechnik zurückzukommen: Ihr Nutzen liegt darin, dass wir a) den kurzen Moment erkennen, indem es darauf ankommt, mutig zu sein, denn es ist meist nur ein ganz kleiner Moment auf den es ankommt. Wir brauchen uns nicht schon Stunden vorher den Kopf zu zerbrechen. Und b) wir einsehen, dass uns Angst oft so sehr verwirrt, dass wir gar nicht mehr wissen, was genau uns Furcht einflößt. Wenn wir die Angst nicht analysieren, laufen wir Gefahr, uns der Angst hinzugeben, wodurch wir in einen benebelten Zustand gelangen.

Rückblickend kann ich sagen, dass es äußerst gut war, gestern zu musizieren. Es hat den Passanten und mir Freude bereitet und mein Mut ist dadurch viel größer geworden. Regelrecht euphorisch, wenn nicht gar überheblich war ich danach. „Man fühlt sich lebendig", sagte einst einer meiner besten Freunde und damit traf er den Nagel auf den Kopf. Er meinte jedoch damit das Ansprechen einer Dame in einem romantischen Kontext. Für mich ist es eine Erweiterung. Auch in dem wunderbaren Buch „The Tools"[46] wird auf diesen Effekt ausgiebig eingegangen. Man

---

46 Quelle: Barry Michels & Phil Stutz, The Tools [2012]

könne sich scheuen einen neuen Schritt zu wagen und im alten Leben verharren (sicher, bequem, aber unbefriedigend) oder den Mut aufbringen etwas Neues zu probieren, wodurch man ein besseres Leben führen kann (riskant, unbequem, aber bereichernd). Im ersten Fall prägen sie die Begriffe „Komfortzone" und „Vermeidungsverhalten". Übrigens, das Zitat von oben geht noch weiter, vollständig lautet es: „Tu, wovor du dich am meisten fürchtest und das Ende der Angst ist dir gewiss." Bezüglich der Straßenmusik-Erfahrung kann ich das nur bestätigen. Ich war glücklich, doch kurz vor dem Zubettgehen überkam mich ein höchst eigenartiges Gefühl. Es fühlte sich alles etwas sinnlos an, weil mir plötzlich alles so leicht vorkam. Gemessen an der Menge an Mut, die ich für die Stramu aufgebracht hatte, waren andere Handlungen ein Kinderspiel. Vielleicht war das das Gefühl, das berühmte Stars vor ihren Krisen kriegen. Sie haben ihr Ziel (zum Beispiel einen Preis oder einen Vertrag mit einem Verlag) erreicht, auf das sie sich lange vorbereitet hatten und das ihrem Leben einen Sinn gab. Sobald die erste Euphorie abgeklungen ist, wird ihnen bewusst, dass sie nun keinen Sinn mehr haben, nichts mehr wofür sie kämpfen können und dadurch beginnt der Abstieg. Auch dieser Effekt wird in „The Tools" erwähnt. Es wird auch davor gewarnt, dass Erfolg lähmen kann, weil man sich darauf ausruhen kann. Außerdem berge Erfolg die Gefahr, dass man denkt ihn ausschließlich sich selbst zu verdanken, so die Autoren (Seite 175). Dies kann sowohl überheblich als auch unkreativ machen. Wenigstens weiß ich jetzt wie sich eine Krise ungefähr anfühlt. Diese Krise ist sozusagen eine „umgedrehte" Krise. Nicht weil das Leben so schwer ist und es zu viele Probleme gibt, kommt der Abstieg, sondern weil etwas Unglaubliches erreicht wurde und danach alle Herausforderungen gar keine mehr sind.

Kapitelfazit: Der beste Umgang mit der Angst ist, eine Sache dennoch zu tun, sich also nicht von ihr lähmen zu lassen oder ihretwegen zu zögern. Es ist wie mit der kalten Dusche. Je länger wir zögern, desto später haben wir es hinter uns. Wenn wir von vornherein wissen, dass wir es sowieso tun, wieso sollten wir dann zögern?

10.

Mut

Lieber Leser, was war Ihre mutigste Situation? Und wie ging sie aus? Ich wette, sie hing irgendwie mit einem Erfolg zusammen. So geht es Vielen, wenn sie Mut anwenden. Beinahe jeder Mensch kommt im Laufe seines Daseins in Situationen, in denen er Kontakt zu noch Unbekannten aufnehmen möchte/muss. Viele Leute leben ihr Leben lieber in ihren eingefahrenen Mustern so weiter wie bisher, als dass sie wenige unangenehme Sekunden riskieren, in denen zwar die Möglichkeit der Zurückweisung besteht, denen aber in Wirklichkeit fast immer ein reicheres besseres Leben folgt. Ich machte in den letzten Monaten mehrere Begegnungen, denen ich angenehme Ereignisse verdanke, durch die mein Leben abwechslungsreicher und sinnvoller geworden ist.

DIE MAGIE DES KENNENS

In dem Moment, in dem man auf jemanden zugeht, der Person die Hand gibt und sich vorstellt, bzw. den Namen des anderen erfragt, ändert sich alles. Jetzt „kennt" man einander. Sowieso ist es eine interessante Sache mit dem Thema des Kennens. Wir sprechen davon jemanden zu kennen, wenn wir nach dritten, nicht anwesenden Personen gefragt werden und sagen, ja, auch wenn wir nur einmal mit ihm geredet haben und wissen, wie er heißt. Wir sagen, dass wir jemanden gut kennen, wenn er uns schon lange bekannt ist und viel Zeit mit uns verbracht hat. Umgekehrt sagen wir manchmal: „Ich kenne ihn kaum", wenn wir nur flüchtigen Kontakt mit ihm hatten. Bevor man jemanden kennt, muss man ihn erst „kennenlernen". Dafür haben wir ein extra Wort, man sagt nicht nur einfach „kennen". Bemerkenswert, dass das Wort „lernen" hier drinsteckt. „Na, den kennt man doch!", sagen wir mit einem Ton der vorwurfsvollen Ironie in der Stimme, wenn in einer Runde eine Berühmtheit erwähnt wird und eine einzige Person sie nicht kennt. „Muss man den kennen?", vergewissert sich dann der Ahnungslose, um abzuwägen, ob der Nutzen Informationen über die Berühmtheit einzuholen den Aufwand übersteigt. „Den muss man einfach kennen", sagen dann jene, die eben dieser Meinung sind. „Sollte man kennen", ist eine gerne mit einem leicht pädagogischen Unterton dargebrachte Phrase. Solange wir jemanden nicht kennen, nehmen wir ihn völlig anders wahr. Wir beurteilen ihn tendenziell negativer und neigen dazu ihn falsch einzuschätzen. Es ist fast so als würde er einer anderen Nation, einem anderen Volk, ja gar einer anderen Art angehören. Wie engstirnig von uns. Er ist genau wie wir, hat soziale Beziehungen, Interessen, Hobbies, Leidenschaften, Schwächen, aber auch Stärken, Fehler, aber auch Qualitäten, Fähigkeiten, aber auch Defizite, Tugenden, aber auch Laster, ist also weder gut noch schlecht. Unbekannten gegenüber benimmt man sich gewaltbereiter. Für die Handlungen unserer Bekannten, selbst wenn es „schlechte" Taten sind, zeigen wir mehr Verständnis als für die von Unbekannten. Jetzt fiel mir gerade ein, warum das so sein könnte: Da fast alle unsere Bekannten uns wohlgesonnen sind, müssen wir bei ihnen nicht befürchten, dass sie uns gefährlich werden (insofern recht eigennützig), deswegen wird unsere Wahrnehmung nicht von Angst getrübt, sondern von Mitgefühl. Beim Unbekannten rechnen wir hingegen immer mit Feindschaft. Angenommen jemand zeigt Ihnen ein Video, in dem sich jemand, der Ihnen unbekannt ist, sehr tollpatschig benimmt, sodass sich jeder, der es schaut, kaputtlacht; würden Sie genauso reagieren, wenn die Person im Video ihr Bruder wäre? Ich denke nicht. Stimmt's? Und genau so haben wohl die alten Römer den Spruch „Homo homeni Lupus" (deutsch: „Der Mensch ist der Wolf des Menschen.") gemeint. Welch unfassbare Brutalitäten die Geschichte unserer gierigen, emotionalen Spezies begleitet haben! Würden Sie gegen Ihren

Bruder in den Krieg ziehen? Eine Waffe auf ihn richten? **Vorsicht vor blindem Gehorsam! Vorsicht vor Dogmen, Regeln, Gesetzen!** Auch vor Gruppen! Wir sind sozial, das stimmt. Doch in Gruppen wird der, der etwas nicht mitmacht, schnell zum Sack gemacht. Viele Abschlachtereien wären ohne die Ausführung von Befehlen nicht möglich gewesen. Lang lebe die köstliche Freiheit! Der Mensch ist des Menschen Wolf, oft folgt auf „Homo homeni Lupus" der Nachsatz „non homo, quom qualis sit non novit", dieser Nachsatz ist vereinfacht mit „solange er den anderen nicht kennt" zu übersetzen. Sie glauben mir nicht? Sie brauchen doch nur mal zu beobachten, was Sie denken, wenn Sie aus dem Fenster schauen. Wie sieht es aus mit dem dicken Türken? „*Bestimmt hat er kein Abitur und ist ein Schläger.*" Ist es anders bei dem beschäftigt wirkenden Herrn im Anzug? „*Wahrscheinlich verdient der sein Geld damit Leute auszubeuten.*" Ganz zu schweigen von der nervigen Joggerin, die ohne den Hauch eines Lächelns im Profitempo vorbeirast. „*Die ist eine eingebildete Kuh und hält sich eindeutig für was Besseres.*" Aber mit dem miesepetrigen Herbert von schräg gegenüber wechseln Sie immer freiwillig mehr Wörter, als Sie müssten, obwohl sein breitgefächertes Lebenswerk aus nichts anderem als Fernsehen besteht. Ähnlich verhält es sich mit der rauchenden Liselotte zwei Häuser weiter, die mit dem Sohn im Rollstuhl. Die haben Sie sogar neulich zu Ihrem Geburtstag eingeladen, stimmt's oder habe ich Recht? Wir haben nun anhand verschiedener Beispiele gesehen, dass Menschen einander deutlich wohler gesonnen sind, wenn sie einander kennen. Dies wirft folgende abschließende Frage auf:

Wäre unsere Welt eine bessere, wenn alle Menschen einander kennen würden?

11.
Schlaf

Arnold Schwarzenegger empfiehlt ja in einer seiner Reden nur sechs Stunden zu schlafen. Als ich das zum ersten Mal hörte, hatte ich Schwierigkeiten das zu glauben. Es kam mir zu heftig vor. Als ich es ein paar Jahre später versuchte auch so zu machen, scheiterte ich immer wieder. Danach stand ich zwar weiterhin früh auf, aber ich schlief länger als die angestrebten sechs Stunden. Als mir dann vor knapp anderthalb Jahren ein Schüler über den Weg lief, der fünfmal die Woche, von Montag bis Freitag, eiskalt anderthalb Stunden hin und anderthalb Stunden zurück zu seiner Schule fuhr, das heißt, also insgesamt drei Stunden am Tag, wofür er um 04:40 Uhr aufstehen musste, entwickelte ich den Ehrgeiz es wieder zu versuchen. Von meinen früheren Versuchen hatte ich noch im Kopf, dass es mir am schwersten fiel, früh aufzustehen, wenn ich am Abend vorher spät ins Bett ging. Das wiederum passierte vor allem, wenn ich unmittelbar vorher vorm Laptop rumlümmelte und meistens Serien schaute. Das Gespräch, in dem ich erfuhr, dass der Schüler so früh raus musste, fand im ersten Halbjahr 2019 statt, also muss meine Sechs-Stunden-Kampagne 2019 angefangen haben. 2019 habe ich keine Spielfilme und Serien mehr geschaut, dementsprechend habe ich schon *vor* der Kampagne mit der Laptoplümmelei aufgehört. Im April 2019 (oder März?) circa fing mein Bibliotheksausweis an, das heißt, ab dann las ich vorm Einschlafen (vorher las ich auch, aber eben keine Bücher, sondern eben am Laptop, meist Informationsorientiertes, v.a. auf Wikipedia). Ab Juli circa (denn Mitte Mai bis Ende Juni war ich auf See, da war noch nicht alles ganz so einfach mit pennen) schaffte ich es immer öfter. Und mittlerweile kann ich sagen, ich penne pro Nacht sechs Stunden.

Das lustige an der Geschichte ist, dass in Jocko Willinks Buch steht, dass es für manch einen nicht schwer sei früh aufzustehen, sondern früh einzupennen. Genau diese Beobachtung hatte ich auch gemacht. Wie gesagt, immer wenn ich glotzte, schlief ich später ein und kam schwerer/später raus. Jockos Tipp zum frühen Einschlafen: Handy aus, weg vom Laptop und lesen! Als ich das las, machte mein Herz einen Sprung. Ich hatte nämlich angefangen Bücher zu lesen, bevor ich Jockos Tipp gelesen hatte. Und da ich beim Lesen schnell einschlief, dachte ich mir schon, dass es ein gutes Mittel ist. Jocko bestätigte mir also, was ich schon selbst erfahren hatte. Wie ich das liebe, wenn ich zuerst was ausprobiere und merke, dass es mir guttut und dann eine Bestätigung kriege! Das ist so viel besser als etwas zuerst aufzuschnappen und es dann auszuprobieren. Falls Sie auch vorhaben weniger zu schlafen, duschen Sie kalt. Es macht wacher als alles andere, außerdem duschen Sie dann kürzer und sind gesünder. Auch fällt es Ihnen danach leichter schwierige Aufgaben zu erledigen.

Natürlich gibt es verschiedene Faktoren, die Ihren Schlafbedarf beeinflussen, von denen ich lange nicht alle kannte. Üppige Mahlzeiten, speziell zu Mittag, sorgen schnell für bleierne Müdigkeit, erst recht wenn Sie kohlenhydratreich sind. Das erinnert mich an die Mensa der Dresdner Musikhochschule („Stimmgabel" hieß die, haha!). Dort gab es stets ein vegetarisches und ein normales Gericht und manchmal hatten die Scherzkekse eiskalt als vegetarisches Gericht Süßspeisen, die man eigentlich als Nachtisch kennt. Das war verdammt ungeil und gehört sich nicht. Süßes Zeug macht müde und ist in dem Sinne auch keine Mahlzeit, sondern eine Gönnung. Sitzen Sie längere Zeit ohne Gesprächspartner im Zug, kann es durchaus sein, dass Sie einschlafen. Haben Sie einen Tag voller Termine an verschiedenen Orten, merken Sie wahrscheinlich gar nicht, dass Sie müde sind, weil Sie in Bewegung bleiben. Speziell für Leute, die sich zu viele Gedanken machen, kann es wohltuend sein, vielen Verpflichtungen nachzugehen. So kommen sie nicht zum Grübeln. Im Extremfall können Sie auch auf das Mittagessen verzichten, so werden Sie kein Mittagstief spüren. Das habe ich in den letzten Tagen zwei- oder dreimal gemacht und war erstaunt, dass es möglich war nach dem Frühstuck erst wieder vor dem Zubettgehen zu essen. Dazu muss aber gesagt werden, dass die schwierigen Tätigkeiten an diesen Tagen schon mittags beendet waren und ich in den Nachmittags- und Abendstunden leichtere Sachen, vorallem Organisatorisches usw. regelte. Bei anspruchsvollen Tätigkeiten ist es deutlich schwieriger, ohne Essen auszukommen. Ob es daran liegt, dass wir die Härte des Moments nicht ertragen können oder wirklich einen höheren Energieverbrauch haben, mag dahingestellt sein. Kaffee ist natürlich gut, aber nicht mehr als zwei Tassen pro Tag. Auch Zitronenwasser hilft. Ist die Müdigkeit so stark, dass Sie spüren, dass Sie produktiver wären, wenn Sie erst wenige Minuten pennen und dann weiterarbeiten als ohne Schlaf weiterzuarbeiten, dann sollten Sie tatsächlich bis zu fünfzehn Minuten schlafen. Allerdings kann es auch gut sein, zuerst die gute alte Runde um den Block zu drehen. Bei allen Zahlen in diesem Kapitel handelt es sich lediglich um Richtwerte. Sie zu befolgen ist auf jeden Fall gesundheitlich machbar, dennoch hat jeder seine eigene Verfassung, nach der er sich richten sollte. Probieren Sie ruhig ein wenig herum, um ihren passenden Rhythmus zu finden. Doch Vorsicht: Dass frühe Aufstehen ist unangenehm. Kommen Sie bloß nicht zu dem Schluss: „*Es fühlt sich besser an liegenzubleiben, also stehe ich nicht ganz so früh auf.*" Das wäre nicht gesund, sondern bequem! Außerdem, was ist Ihnen lieber, um 19 Uhr mit Ihrer Arbeit fertig zu sein oder noch bis 21 Uhr dranzusitzen?

12.
Sicherheit

Im Gespräch mit Leuten merkt man schnell, dass vielen das Thema Sicherheit sehr wichtig ist und sie an den Sicherheitsbegriff glauben. Es fallen Begriffe wie „Kündigungsschutz", „Festanstellung" etc. Risiko scheint wirklich nicht unser Spezialgebiet zu sein.

Der alte Hugo von obendrüber ist hier ein gutes Beispiel. Wir unterhielten uns neulich über Mieten und ähnliches, weil er kurz zuvor in seinem Briefkasten einen Brief entdeckt hatte, der darauf hinwies, dass er künftig günstiger wohnen könne. In Berlin wurde über einen Mietendeckel diskutiert, der auch kürzlich durchgesetzt wurde. Sein Standpunkt war, dass es ja Quatsch sei, von jetzt an die geringere Miete zu zahlen, da ja das Mietverfahren noch nicht abgeschlossen ist, und wenn es dann zum Beispiel in einem Jahr abgeschlossen ist, könnte die Entscheidung ja so gefallen sein, dass es nun doch keinen Mietendeckel gebe und in dem Fall müsse Hugo ja alles zurückzahlen, weswegen er auf dieses Angebot verzichtete. Weil etwas also daneben gehen *könnte,* tut er es *nicht.* Er ließ sich also von einem Fall, der gar nicht eingetreten ist, der noch nicht mal wahrscheinlich war, derart einschränken, dass er seine Gegenwart sowie seine nächsten zwölf Monate freiwillig unangenehm gestaltete. Was für eine Einstellung ist das denn, Entscheidungen davon abhängig zu machen, was danebengehen könnte? Würden Sie nicht zum Bäcker gehen, weil Sie ausrutschen könnten? Würden Sie keine Hose anziehen, weil sie reißen könnte? Merken Sie, wohin es führt, wenn Sie auf das achten, was nicht klappen könnte? Haben Sie in Ihrem Bekanntenkreis Leute, die dieselbe Einstellung wie Hugo haben? Wie oft haben Sie einen jener Leute sagen hören, man könnte dieses oder jenes ja *ausprobieren,* denn es könnte ja *klappen,* also die umgekehrte Perspektive? So gut wie nie, stimmt's?

Die Autoren des bereits erwähnten Buches „The Tools" behaupten, dass Strömungen, die die These verbreiten, dass positive Gedanken und Vorstellungen alleine reichen, um Zustände herzustellen, die mit unseren Wünschen übereinstimmen, immer zum Scheitern verurteilt sind, weil negative Gedanken viel stärker sind als positive.

Negativität ist also ein Bestandteil unseres Seins, ein größerer als Positivität, deswegen sollten wir uns hüten, sie zu füttern, da sie ohnehin schon sehr dominant ist. Das Sprichwort „Angst ist kein guter Berater" ist wirklich sinnvoll. Angst ist ein mächtiges Gefühl, das manchmal als Vernunft getarnt ankommt und Ihnen Sachen einflüstert, die mit der Realität nicht übereinstimmen, um Ihnen Argumente zu liefern, die gar keine sind, sondern Ausreden, die Sie davon abhalten, zu handeln. Sie sollen Ihr Gewissen beruhigen, wenn Sie sich hinterher darüber ärgern, Ihre Furcht nicht durchbrochen zu haben und stattdessen in Ihren alten Handlungsmustern gefangen sind.

Unter ängstlichen Leuten finden sich viele Fernsehgucker, die sich natürlich auch die Nachrichten angucken. Was wird in den Nachrichten gezeigt? **Ausschließlich Berichte über extrem schlimme Vorkommnisse,** die den meisten von uns im echten Leben nicht passieren. Was soll schon dabei rauskommen, wenn jemandem in todernstem Tonfall mehrere Minuten lang Kriege, Unfälle, Naturkatastrophen und Krankheiten präsentiert werden? Themen, gegen die der Zuschauer *nichts* ausrichten kann!

Nehmen wir mal an, jemand schaut jeden Tag Nachrichten. Sagen wir mal die Nachrichten dauern fünf Minuten, das würde bedeuten, dass er seinem Geist pro Woche mehr als eine halbe Stunde geballte Negativität einflößt. Das ist sehr wenig, stimmt's? Ja, das ist es auch. Doch bedenken Sie, dass der menschliche Geist sowieso schon negativ ist. Wäre es da nicht sinnvoller, er würde diese lächerliche halbe Stunde in etwas Aufbauendes investieren? Die Tagesschau dauert übrigens sogar fünfzehn Minuten, wären dann also über anderthalb Stunden Negativität pro Woche.

Wer so viel und verdichtet mit Gefahren konfrontiert wird, wird noch ängstlicher, traut sich weniger, verspürt vermehrt

Ohnmacht und Empörung, Wut auf Politiker und hat generell ein schlechteres Bild von der Welt. Außerdem beschweren sich Menschen, die Nachrichten schauen, viel öfter als die anderen.

Natürlich sind Nachrichten bei weitem nicht das Schlimmste, was im Fernsehen gesendet wird und Sie können selbst entscheiden, ob Sie sie anschauen, doch will ich Ihnen hier ein Beispiel aus meinem eigenen Leben erzählen. Vielleicht schreckt Sie das ein wenig ab.

Vor ein paar Jahren war in Europa von einer Flüchtlingskrise die Rede. Aufgrund eines Krieges in Syrien kamen (angeblich viele) Leute aus der Gegend nach Europa. Wie das ja immer so ist, wurde über nichts anderes mehr geredet. An jeder Ecke hieß es: „So und so viele Hunderttausende kommen. Alles ist voll und es kommen noch dreimal so viele nach", und dergleichen. Direkt danach kam es zu einem starken Anstieg rechter Bewegungen. Zu der Zeit verfolgte ich noch die großen Schlagzeilen. Dementsprechend bedroht fühlte ich mich, weil die Medien alles übertrieben. Im Sommer war ich dann bei meinen Eltern zu Besuch, die eine Zeitung hatten, deren letzte Seite „Panorama" hieß und auf der es um das Wetter, besondere Kuriositäten und jeden Tag um ein Detail über zwei neue bekannte, lebende Persönlichkeiten (die Spalte heißt „Leute heute") ging. Außerdem gab es noch eine Bauernregel. Beim Wetter standen auch die Sonnenaufgangs- und Sonnenuntergangszeiten, vielleicht mein Lieblingsdetail. Also, zu dieser Zeit machte ich noch den dummen Fehler, mir Medienmist reinzuziehen, zwar noch nicht mal sonderlich viel, allerdings doch genug, damit es in meinem Kopf umherging. Es kam, wie es kommen musste: Ich wurde krank. Die Zeitungsleserei, gepaart mit den Radionachrichten und den Gesprächen meiner Eltern, stiegen mir dermaßen zu Kopf, dass die Sorgen mich richtig krank machten. Die Krankheit wurde ganz klar von den Sorgen verursacht, Sorgen, gegen die ich nichts tun konnte, Sorgen, die ein Gefühl der Ohnmacht erzeugten. Überlegen Sie sich wirklich genau, ob Sie weiterhin Medien nutzen wollen.

13.

Schwierige Situationen

Stellen Sie sich bitte folgendes vor: Ein Musiker hat immer nur sein Instrument gespielt und zumeist Jazz. Auch komponiert hat er, aber fast immer nur instrumental, das heißt ohne Gesang. Die Stücke spielte er mit seiner Band, die er organisierte. Nach ein, zwei Jahren beginnt er in einem anderen, etwas simpleren Stil Werke zu schreiben, für die er auch Texte schreibt. Leider kann er nicht sonderlich gut singen, hat mittlerweile keine Band mehr, außerdem kennt er keinen, von dem er weiß, dass er ein Musikprogramm so gut beherrscht, dass er die Songs in Albumqualität produzieren könnte, geschweige denn dazu bereit wäre, denn die Songs sind zum Teil sexuell, bzw. wie manche Leute sagen würden „sexistisch". Der letzte Punkt könnte sogar zu einer Ablehnung im Vertrieb führen.

Sie ahnen es schon. Die Person bin ich. Dazu kommt noch, dass ich mich vielleicht das ganze gar nicht traue. Wobei das wahrscheinlich nur so wäre, wenn das ganze gefilmt oder gar ein Musikvideo gemacht werden würde. Mann, wie ich Zensur hasse, wenn sie mich trifft! Da kann ich andere Künstler sehr gut verstehen. Im Übrigen weise ich den Sexismus klar von mir, einfach, weil das ganze ironisch ist.

Zerpflücken wir das Problem:
- Ich kann nicht gut singen./Lass es singen (oder: lerne singen).
- Ich habe keine Band mehr./Die Lösung steht schon im Text: Produzent finden (oder: neue Band gründen).
- Ich kenne keinen Produzenten./Finde einen (oder: produzier selbst; lieber nicht, Produzent ist besser und schneller)
- Die Texte werden blockiert./Schreibe einen anderen Text (oder: mach ein Instrumental).

Das wäre also ein Beispiel für eine beklemmende Situation. Im Übrigen will ich ja ein ganzes Album aufnehmen. Die restlichen Songs sind sogar überhaupt nicht provokant. Aber es fehlt mir einfach an Mitspielern, die auch darauf Bock haben und an Mut. Ja, vor allem an Mut.

14.
Sorgen

Wann haben Sie das letzte Mal Dinge gedacht wie: „Was soll ich nur machen, wenn ich gefeuert werde?/Was wird aus meinen Kindern, wenn ich plötzlich sterbe?/Wer soll bezahlen, wenn meine Eltern mal ins Altersheim müssen?/Warum hat mich der Nachbar so schief angeguckt?" Haben Sie solche bedrückenden Gedanken oft? Leiden Sie gegebenenfalls darunter?

Experten raten Menschen, die mit Grübelei zu kämpfen haben, jedes Mal, wenn sie sich dabei ertappen, aufzuschreiben, was sie in dem Moment gerade taten. Das Ergebnis ist meist das folgende: Nichts!

Warum? Weil ein beschäftigter Mensch gar nicht an Sorgen denken *kann*. In dem unglaublich hilfreichen Buch „Sorge dich nicht – Lebe!" (1948) gibt es ein Kapitel, das Berichte berühmter Personen, die der Autor Dale Carnegie eigens hierfür befragte, enthält. In jedem Kapitel gibt eine andere Persönlichkeit ihre eigene Strategie für den Umgang mit dunklen Geistesphasen preis. Dabei kommen wirklich interessante Methoden zum Vorschein. An einer Stelle im Buch wird berichtet, wie mal ein Besucher einer Nervenheilanstalt sich darüber wunderte, wieso er dort Gruppen von Insassen beim Flachsspinnen vorfand. Eine Schwester erklärte ihm, dass die Insassen beschäftigt gehalten werden würden, um sie von ihrem Unglück abzulenken.

Im Buch wurde auch eine Dame erwähnt, die sich höllische Sorgen machte, weil ihr Sohn im Krieg war und sie nicht wusste, ob er überhaupt noch lebte. Um sich abzulenken, suchte sie nach einem Job, der sie dermaßen in Anspruch nahm, dass sie sich gar keine Sorgen mehr machen *konnte*. Sie landete schließlich in der Bekleidungsabteilung eines riesigen Kaufhauses, wo sie dauernd nach Größen, Vorrat, Preisen und Farben gefragt wurde

und hin und her eilen musste (S.91). Selbst Churchill antwortete auf die Frage, ob er sich keine Sorgen mache: „Ich habe keine
Zeit!"(S.87) Einmal wird George Bernhard Shaw zitiert: „Unglücklich kann man nur sein, wenn man Zeit hat, sich zu fragen ob man unglücklich ist." (S.96) Also, suchen Sie sich wenn
möglich eine Beschäftigung, die so viel Aufmerksamkeit fordert,
dass Sie gar nicht an ihr Unglück denken können. Ich arbeite ja
von zu Hause aus und bin zwar sicherlich kein unterbeschäftig-
ter Mensch, doch dennoch kenne ich die Momente, in denen
sich trübe Gedanken einschleichen. Die paar Tage im Monat,
an denen ich wirklich mehrere Termine habe und rumgurken
muss, investiere ich zwar weniger in meine eigenen Interessen,
doch bin ich oft ähnlich effizient *und* habe weniger trübe Momente. Haben Sie es schon mal ausprobiert? Ein Gespräch kann
sehr vom eigenen Unglück ablenken. Das Gehirn ist zu sehr damit beschäftigt, sich die Dinge vorzustellen, die der Gesprächspartner erwähnt, als dass es an Sorgen denken könnte. Außerdem
erhalten Sie in einem Gespräch Anerkennung, wodurch Sie sich
zusätzlich besser fühlen werden. Natürlich ist es besser mit jemandem zu reden, mit dem Sie es gerne tun, und nicht einfach
mit *irgend*jemandem oder einem, bei dem Sie nur darauf warten,
dass es endlich zu Ende ist.

Eine andere Strategie gegen Sorgen ist auf Ziele hinzuarbeiten. So werden Sie sich viel weniger von Kleinigkeiten beunru-
higen lassen. Ziele mit festen Stichtagen (z. B. Abgabetermine)
sind eine großartige Sache. Falls Sie die Möglichkeit haben, in
Situationen mit Deadlines zu kommen, machen Sie davon Gebrauch. Jeder kam mal in seinem Leben in Situationen, in denen er fieberhaft und unter Druck auf etwas hinarbeiten musste, zum Beispiel auf eine Klausur. In diesem Zustand tritt alles
andere in den Hintergrund. Das Ziel ist einfach zu wichtig.
Alles andere wird vernachlässigt. Zu schlimm wäre es, wenn
man durchfallen würde.

Erinnern Sie sich an das letzte Mal, als Sie in einer solchen
Situation waren? Haben Sie sich in dieser Phase schlecht gefühlt?
Wohl kaum.

Die Rede war davon unter Leute zu gehen oder auf ein Ziel hinzuarbeiten. Was spricht denn dagegen unter Leute zu gehen *und* auf ein Ziel hinzuarbeiten? Gute Gruppenarbeit ist eine der besten Beschäftigungen gegen Kummer, die es gibt. Leider ist es schwer eine Gruppe zu finden, in der alle an einem Strang ziehen, weshalb Gruppenarbeit zwar vom eigenen Trübsal ablenken, allerdings auch zu Ärger führen kann.

Eine andere wirksame Möglichkeit ist die eigene Situation mit einer viel schlimmeren zu vergleichen. Es hilft uns zu registrieren, wie gut es uns eigentlich geht. Sie können sich auch eine besonders schlimme Situation, die Sie selbst mal durchlebt haben, vergegenwärtigen und diese mit Ihrer gegenwärtigen Lage vergleichen. Sie werden eine Erleichterung verspüren, die Sie dazu befähigt, Ihr Unglück besser verkraften zu können.

Ansonsten gäbe es noch das Ehrenamt. Wie bereits erwähnt, sind viele Termine gepaart mit sozialem Umgang ein gutes Mittel. Der Vorteil des Ehrenamtes im Sinne von gemeinnütziger Arbeit ist, dass es einen positiven Effekt auf Ihr Gewissen hat, weswegen sich Ihr Selbstwertgefühl sehr steigern kann, und zwar nicht nur beim Verrichten der Arbeit, sondern auch, wenn Leute davon erfahren,weil Sie *uneigennützig* handeln und das ist – speziell hierzulande heutzutage – so gut wie gar nicht mehr zu sehen. Wie würden Sie reagieren, wenn Sie über jemanden im Gespräch zufällig erführen, dass er ehrenamtlich Gutes tut? Angenommen, das Ehrenamt Ihres Gesprächspartners kommt durch eine Frage, die Sie gestellt haben, ans Licht, nicht so, dass er es ungefragt erzählt, nur um der Anerkennung willen. Würden Sie dadurch besser oder schlechter über die Person denken?

Gerade eben fiel mir wieder ein, dass ja noch eine andere Technik gegen Sorgen in „Sorge dich nicht – Lebe!" erwähnt wurde, nämlich *so zu tun,* als ob man glücklich wäre. In dem Moment, in dem Sie so tun, wird es schon ein Stück weit Wirklichkeit und das ist der Vorteil an der Sache. Hoffentlich probieren Sie diese Ratschläge aus und schaffenes ihre Sorgen zu bewältigen.

15.

Krankheit und Gesundheit

Wenn ich krank bin, ärgere ich mich darüber, dass ich in dem, was ich am liebsten machen würde, eingeschränkt bin. Manchmal kommt mir der Gedanke: „Wie konnte ich nur vergessen, wie geil es ist gesund zu sein." Wie viel kleiner sind die Probleme, die man im gesunden Alltag zu bewältigen hat als das Problem der Krankheit. Und jeder Mensch kann jederzeit schwer erkranken. Keiner weiß, was passiert. Wenn man mal drüber nachdenkt, ist das Leben verdammt gefährlich und die Zukunft unberechenbar. Bin heute übrigens krank, so ein Mist, Schluckbeschwerden. Habe vor, morgen trotzdem alles zu machen. Hoffentlich ist es morgen nicht schlimmer. Jetzt fahre ich gerade an den Neuen See im Tiergarten. Es ist Sonntag-Abend, habe Bock!

Ist es denn möglich, dass ich tatsächlich noch nichts über das vielleicht Wichtigste im Leben geschrieben habe? Das dachte ich gerade, als ich beim Überfliegen der Überschriften ein bisher noch leeres Kapitel suchte. Ich dachte echt, ich hätte schon was dazu geschrieben, aber ich habe es wohl mit Krankheit verwechselt. Man vergisst die Gesundheit bis zur Krankheit, stimmt's? Immer regen wir uns über allen Quatsch auf! Zurzeit lese ich ja auf dem Weg zur Muggibude immer ein Buch mit den Briefen Beethovens. Er war mit Unterbrechungen ab dem achtundzwanzigsten Lebensjahr stark schwerhörig. Andauernd war er mit massiven gesundheitlichen Einschränkungen konfrontiert. Es sind auch Briefe an Ärzte abgedruckt. Aus diesen geht hervor, dass er sich über lange Zeit hinweg nicht unter Leute begab, weil er seine Schwerhörigkeit geheim halten wollte. Das belastete ihn sehr. Wenn er sein Gehör gehabt hätte, wäre er gerne viel gereist, schrieb er an einer Stelle. Zahlreiche Kuraufenthalte verbesserten seine Lage nur kurz und nicht im gewünschten

Umfang. Später kamen Schwierigkeiten mit den Augen hinzu. Als ob das alles nicht schon schlimm genug wäre, hatte er, wie er mehrmals erwähnte, viele Feinde und wie das nun mal mit Feinden ist, wollten die nicht gerade sein Bestes. Würden Sie berühmt und anerkannt sein wollen, dafür aber so krank wie Beethoven? Oder stabil und unbekannt, aber dafür gesund? Also ich würde mit Beethoven nicht tauschen wollen. Allgemein scheint es als ob vor allem Leute, die es zu etwas gebracht haben, es nicht leicht haben. Ihr Leben ist zwar abwechslungsreicher, aber dafür auch von stärkeren Höhen und Tiefen gekennzeichnet. Speziell in ihrer Anfangsphase stießen sie oft auf Widerstände und Ablehnung. Ein gutes Beispiel in der Hinsicht liefert das Buch „To be or not to bop" (1979) von Jazztrompeter Dizzy Gillespie. Ständig musste er sich mit Ungerechtigkeit, Benachteiligungen und Gegenwind auseinandersetzen. Er hatte ein sehr schwieriges Leben und so ist es mit zahlreichen Künstlerbiografien. Probieren Sie es aus! Geben Sie einen Künstler auf Wiki ein und überzeugen Sie sich selbst. Also mit Dizzy würde ich wirklich nicht tauschen wollen. Ich glaube, ich wäre unter seiner Last zusammengekracht. Die Gesundheit ist wichtig. Einmal las ich etwas Gutes: „Gesund bleiben und lang leben will jedermann, aber die wenigsten tun etwas dafür."[47] Da ist was dran. Tun Sie was für Ihre Gesundheit, lieber Leser? Womöglich ist der Grund, dass viele nichts für Ihre Gesundheit tun eine Mischung aus diesen Gründen:

1. Ich habe keine Zeit.
2. Es gibt trotz Betätigung keine Garantie, dass man gesund bleibt.
3. Ich bin ja schon gesund, wieso sollte ich also was machen?
4. Ich kenne einige, die Sport machen und oft krank sind.
5. Ich kenne welche, die keinen Sport machen und trotzdem nie krank sind.

---

47 Quelle: https://www.kneippbund-bw.de/index.php?Zitate [21.04.22]

Lieber Leser, kennen Sie diese Leute, die dauernd andere auf ihre Fehler aufmerksam machen? Wie geht es Ihnen in solchen Momenten? Da ich es als sehr nervig empfinde, mache ich es für gewöhnlich nicht, weil ja klar ist, dass es auch andere nervt. Eine der Schwierigkeiten, die Disziplin mit sich bringt, ist es zu unterlassen, Dritte auf ihre „Undiszipliniertheit" hinzuweisen. Egal, was Sie planen, ob es ein Film, eine Band, oder sonst ein Projekt ist, bei dem Sie andere miteinbeziehen, Sie werden enttäuscht werden. Ungerechterweise vielleicht, aber Sie werden enttäuscht werden. Sie können sich eine Menge bitterer Gefühle sparen, indem Sie von vorneherein wissen, dass es passieren wird. Vergegenwärtigen Sie sich, dass Sie nur sich selbst und niemanden sonst kontrollieren können!

Zu 1.: Wir haben mehr Zeit, als Sie denken! Die beste Methode, um Zeit zu gewinnen ist früher aufzustehen. Frühes Aufstehen bringt Ihnen gleich mehrere Vorteile: 1. Sie sind noch unverbraucht. 2. Sie werden nicht gestört. 3. Sie haben das Wichtigste schon gemacht und müssen nicht daran denken, dass noch etwas zu tun ist, während Sie Ihr Tagwerk verrichten. 4. Sie sind früher fertig, was ja logisch ist, wenn Sie früher anfangen.

Wenn Sie wirklich keine Zeit haben, prüfen Sie Ihre Zeit. Es kann helfen zwei Wochen lang minutiös aufzuschreiben, wann Sie was tun, und danach drüber zu schauen. Mit höchster Wahrscheinlichkeit gehen Sie spät ins Bett und schauen vorher Filme. Außerdem treiben Sie sich täglich in den Sozialen Medien rum und haben Ihr Handy-WLAN dauernd an. Haben Sie schon mal probiert, nur sonntags in den Sozialen Netzwerken online zu gehen und nur einmal am Tag z.B. beim Abendessen Ihre WhatsApp-Nachrichten zu checken? Neben der Zeit, die dieser Mist frisst, was ja schon schlimm genug ist, ist es auch noch **Gift** für Ihre Konzentration! **Gift**! Ich weiß noch genau, wie geschockt ich war, als ich auf die Serien verzichtete, die ich jeden Abend guckte. Plötzlich hatte ich mehr Zeit. Als ich dann das frühe Aufstehen intensivierte, merkte ich plötzlich, wie viel Zeit eigentlich da ist. Für die ganz Harten: Lassen Sie eine Mahlzeit am Tag ausfallen. Sie sind wacher, müssen seltener einkaufen und haben mehr Zeit. Dieser Schritt ist vielleicht nichts für Leute, die noch in der körperlichen Entwicklung sind, aber auch diesen geschieht nichts Bedenkliches, wenn Sie es ausprobieren.

Zu 2.: Das ist ein sehr hartnäckiges Argument. Jeder wird mal hin und wieder krank, der eine mehr, der andere weniger. Das ist völlig klar. Doch kann man angesichts der Tatsache, dass es so gut wie für nichts eine Garantie gibt, Argument 2 noch als Argument bezeichnen? So läuft es im Leben nun mal nicht, Man kann einer Sache einfach nicht sicher sein.

Die Behandlung von Argument 3 hat auch mit Argument 2 zu tun.

Zu 3./4./5.: Natürlich kann keiner Sie zwingen Sport zu treiben. Wer wann warum wie krank wird, ist uns Menschen weitestgehend unbekannt. Allerdings gibt es neben der Gesundheit noch eine entscheidende Komponente, auf die Sport einen massiven Einfluss ausübt: das Wohlbefinden. Und zwar das physische und das psychische. Sie werden sich nicht nur in Ihrem Körper wohler fühlen, Sie werden auch seltener von Niedergeschlagenheit geplagt werden. Es wird Ihnen leichter fallen, alte negative Verhaltensmuster zu überwinden. Auch unangenehme Tätigkeiten werden Ihnen leichter fallen.

Ich will nur nicht, dass Sie es *gar nicht erst ausprobieren*, nur weil Sie denken, dass es Ihnen nichts bringt. Ich bin immer wieder erstaunt wie viel Sport ausmacht. Ich habe ja schon erwähnt, dass ich seit Neujahr 2019 keine Serien und Spielfilme mehr geschaut habe. Nun, im Moment habe ich sogar seit circa sieben Wochen noch nicht mal einen Porno geschaut! Und ich war ernsthaft der Meinung, ich sei krank. Ich weiß ja nicht, wie es Ihnen geht, aber nach jedem Mal Pornoschauen war ich wütend auf mich selbst und sehr niedergeschlagen, genau wie es angeblich bei einem Suchtkranken ist. Er tut etwas, obwohl er es nicht will und danach ärgert er sich über seine Schwäche. Wenn Sie sich darüber ärgern, dass Sie sich nicht im Griff haben und Zeit verschwenden und das ganze beenden wollen, trainieren Sie und duschen Sie kalt, auch wenn Sie es nicht wollen. Manchmal kommt es vor, dass ich meine krank zu werden. Das Training schwemmt die Krankheit weg! Es klingt wie Magie, stimmt's? Nur wenn mich die Krankheit *extrem* trifft, kann mich auch kein Training mehr retten. Da ich nie dachte, dass der Effekt des Sportes *so* deutlich ist, war ich lange nicht aktiv. Spazieren gegangen bin ich, ja, das habe ich immer gerne gemacht. Hin und wieder gejoggt. Aber nichts Handfestes. Alles völlig unregelmäßig. Dann, als ich in Dresden bei einem der besten Lehrer war, die man einem jungen Menschen wünschen kann, erfuhr ich, dass er recht oft schwamm. Als ich mal Schulterprobleme hatte, empfahl er mir einmal die Woche schwimmen zu gehen. Ich fing an. Ich war immer sehr erfrischt nach dem Schwimmen und hatte ein besseres Gefühl in meinem Körper. Meine Laune war besser. Jedwede Trägheit war wie weggeblasen. Meine Fleischeslust sank und ließ sich im Griff halten und mein Geist war konzentrationsfähiger. Irgendwann fing ich dann an zweimal die Woche schwimmen zu gehen. Ich hatte zwar immer wenig Lust auf die ersten Momente im kalten Wasser, aber ich wusste ja, wie gut ich mich *danach* fühlen würde und das war es mir wert. Außerdem duschte ich vorher kalt, wodurch mir das Schwimmbecken etwas wärmer vorkam. Leute, die unter Wollust, Gliederschmerzen sowie negativen Gedanken leiden und keine Lust auf Gruppensport haben, weil Sie ihr eigenes Tempo bestimmen wollen und flexibel ihre Trainingszeit aussuchen möchten, können mit dem Schwimmsport ihre Probleme in den Griff kriegen. Ein weiterer Riesenvorteil beim Schwimmen: Sie schwitzen nicht! Überrascht hat mich, dass ich schon nach drei Bahnen Pause machen musste. Ab dann wurde meine Ausdauer mit jedem Besuch besser. Wann die Phase anfing und wie lange genau Sie dauerte, weiß ich nicht mehr so genau. Ich denke sie fing 2016 an und sie dauerte theoretisch bis maximal Mai 2019, im Sommer 18 und 19 war ich ja auf dem Schiff. Zwischendurch bin ich eine Zeitlang joggen gegangen, was auch gut war, allerdings hatte ich immer wieder mit Schmerzen zu kämpfen und so schwamm ich wieder. Ich las auch etwas über Bewegungsmangel, wodurch mir klar wurde, dass ich mich – wie fast unsere ganze Gesellschaft – *viel* zu wenig bewegte. Als ich dann noch auf Jocko Willink stieß, weil ich bei YouTube „Disziplin" eingab, der das Training mehrmals erwähnte[48], stieg die Lust so sehr, dass ich Ende Mai 2019 auf dem Schiff anfing zu trainieren. Ausgerechnet auf dem Schiff! Sie hatten da einen kleinen Sportraum für die Crew und weil man sich nirgendwo anmelden musste oder so und oft keiner da war, begann ich. Der Raum war rudimentär mit einer Langhantel, einer Klimmzugstange, einem Dipgerüst, einem Laufband, einem Fahrrad, einem Boxsack, ein paar Matten und einer SZ-Stange ausgestattet. Die Kurzhanteln ließen nichts zu wünschen übrig. Es gab von 1 kg bis mindestens 40 kg alle Stufen. Nach dem ersten Tag hatte ich natürlich einen Mordsmuskelkater. Ich genoss das Gefühl, meinen Körper intensiver zu spüren. Als ich wieder vom Schiff zurückkam, meldete ich mich in einem Studio an. Es war direkt um die Ecke, was natürlich perfekt war um schnell mal hinüber zu huschen. Auch mein neues Studio ist von der Kette und nur zwei U-Bahn-Stationen entfernt. Manchmal, wenn ich zu lange auf die Bahn warten muss, jogge ich nach dem Training zurück. Das kommt aber nicht oft vor. Wenn dann meistens sonntags, da fährt sie ja nur alle zehn Minuten und frühmorgens sogar nur alle fünfzehn Minuten, glaube ich. Ehrlich gesagt glaube ich, dass ich mich selbst jetzt noch zu wenig bewege, wenn ich mich an die Artikel von damals erinnere. Sind Sie Autofahrer? Dann bewegen Sie sich garantiert zu wenig! Wenn Sie es nicht glauben, lesen Sie gerne den Wikipedia-Artikel zum Thema Bewegungsmangel, falls Sie sich selbst überzeugen wollen.

Manchmal denke ich, mir fehlt die Kraft zur Leibesertüchtigung. Dieser Gedanke begleitet häufig genau die Trainingseinheiten,, nach denen ich mich am besten fühle. Vorher bin ich wirklich schwach und wähne mich kurz vor der Krankheit, hinterher bin ich gut gelaunt und wach. Sowieso bin ich immer wieder erstaunt, was das Training mit uns macht, psychisch vielleicht sogar noch

---

48 Quelle: Jocko Willink, Der Weg der Disziplin [2017] S. 34

mehr als physisch. Die wissenschaftlichen Hintergründe kenne ich nicht. Jedoch denke ich, dass die Aufmerksamkeit in den harten Anspannungsphasen derart auf den Körper gelenkt wird, dass es dem Kopf gar nicht möglich ist zu grübeln und darin besteht der Erholungseffekt. Die kalte Dusche, die eigentlich den härtesten Teil darstellt, bildet die Krönung des Trainings. Nach dem Pumpen ist der Geist ohne Mühe bei der Sache. Das merke ich, wenn ich nach dem Pumpen arbeite. Es gilt: Morgens Pumpen hilft dem Geist, aber kann zu einem Bedürfnis nach Kurzschlaf führen. Abends Pumpen „rundet ab", verbessert den Schlaf und erleichtert frühes Aufstehen.

16.
Freundschaft

Lieber Leser, bevor Sie weiterlesen, überlegen Sie sich bitte folgendes: Wie viele Feunde haben Sie? Fünf, stimmt's? Ich denke ich habe vier. Jetzt fällt mir gerade ein, ich habe noch zwei weibliche Freundinnen. Also, von den sechs lebt nur eine in meiner Stadt. Sie hat vor sieben Wochen eine Party veranstaltet, auf der ich sie zum letzten Mal sah. Dort war auch ein anderer Freund (der wohl mit einem anderen mein bester Freund ist), den ich seitdem auch nicht wieder gesehen habe. Alle andern Freunde habe ich noch länger nicht gesehen. Dann habe ich noch drei Fernfreunde, zwei in der Heimat – die sehe ich höchstens einmal im Jahr – sowie einen in New York, mit dem ich mich jedoch sehr gut verstehe. Er kommt aus der Stadt, in der ich wohne, daher hoffe ich ihn um Silvester/Weihnachten zu sehen. Wenn ich mich recht entsinne, bestand mit keinem Freund in den letzten sechs Wochen Schriftverkehr, außer mit der Partygeberin. Da ging es allerdings um eine Geldüberweisung. Muss defäkieren. Ich habe einen Freund völlig vergessen, mit dem ich in letzter Zeit andauernd schreibe, also sind es eigentlich fünf. Ok, aber bis auf den und die Zahlung herrscht seit mindestens sechs Wochen Funkstille zwischen allen Freunden. Irre, oder?

Wozu Freundschaft und was ist sie eigentlich? Freundschaft ist ein freiwilliges positives Verhältnis, in dem kein Bindungsgrund den sozialen übersteigt. Vermutlich ist Freundschaft dazu da, Informationen, die den Befreundeten wichtig sind, aber zu peinlich, als dass sie sie öffentlich preisgeben würden, auszutauschen. Freundschaften können auch zur Spaßsteigerung bei Erlebnissen sowie im Spiel und bei lasterhaften Tätigkeiten dienen. Zwanglosigkeit ist ein zwingendes Merkmal echter Freundschaft. Die meisten Freundschaften bestehen zwischen gleichgeschlechtlichen, gleichaltrigen Menschen mit einem ähnlichen Einkommen. Der Zweck der Freundschaft liegt vermutlich in dem Erleben eines Gefühls der Erleichterung, welches die Freunde in der Regel unmittelbar nach und während ihres Zusammentreffens verspüren.

Wie man den obigen Zeilen entnehmen kann, treffe ich meine Freunde recht selten. Wenn wir uns treffen, bin ich mitunter nervös, weil ich ständig denke ich sollte arbeiten. Habe ich vorher gut gearbeitet und alles erledigt, was anstand, so kann es jedoch zu einem gelungenen Moment werden. Dabei kann es passieren, dass wir Alkohol, zumeist Bier trinken. Besonders gerne treffe ich mich zum Kochen. Man lernt etwas, muss nicht zwingend saufen und falls das Rezept gut gelingt, hat man gleich ein Erfolgserlebnis. Außerdem kann man so besser aufeinander eingehen als auf einem Konzert. Ohje, ich denke gerade an verschiedene Koch- & Biermomente (also beides zusammen). Sollte wohl demnächst meiner Berliner Freundin schreiben. Bin heute eine (nein, doch zwei) Minuten drüber, werde nun speisen! Ciao! ;) Habe der Berlinerin geschrieben, aber sie wird die nächsten Wochen menschliche Zusammenkünfte meiden, daher wird es erstmal leider nix. Schade! Übrigens habe ich mit allen engen Freunden musikalisch zu tun oder sie in der musikalischen Ausbildung kennengelernt. Nun ja, man kann nur kennenlernen, wem man begegnet und begegnen tut man sich nun mal dort, wo man sich rumtreibt. Ich weiß noch, wie es mich im Studium manchmal genervt hat, ausschließlich mit Musikern zu tun zu haben. Vielleicht müsste das Kapitel doch eher „Soziale Kontakte" heißen. Meistens schreibe ich eigentlich mit meinen Freunden. Im Winter 2018 haben viele postalische Weihnachtsgrüße gekriegt. Im Sommer 2019 gab es Karten von meiner Schiffsreise, vor allem aus dem Baltikum und Skandinavien, da ich ja schon im Vorjahr im Mittelmeerraum war (das erste Drittel 2019 war auch „mediterran"). Mit den Freundschaften ist es schwierig, wenn man weder in der Nähe wohnt noch beruflich zusammenkommt. Dafür kann es aber saugeil sein, wenn man sich nach langer Zeit wieder trifft. So ist es mit G. Ich weiß gar nicht, wann ich ihn zum letzten Mal sah. Ich glaube im Dezember 2018 oder Januar 2019. Sein

Elternhaus, das Luftlinie vielleicht neunzig Meter von meinem Elternhaus entfernt ist, wird seit ca. zweieinhalb Jahren von anderen Leuten bewohnt, weil seine Eltern sich scheiden haben lassen. Bis dahin haben wir uns meistens bei ihm getroffen, geredet, Bier getrunken und einen Film geschaut. Gelegentlich haben wir auch Fußball gespielt oder draußen getrunken.

Ach, herrje! Ich könnte drauflosweinen, wenn ich an schöne Momente in der Vergangenheit denke. Es packt mich tierische Nostalgie oder Melancholie oder ist ja auch egal. Jetzt schaute ich gerade in die Leere, da kam auch schon die Meldung, dass mein PC jetzt in den Stromsparmodus geht. Ach, welche Idioten wir doch wären/werden, wenn wir uns von den lästigen, unvermeidlichen Kleinigkeiten des Alltags die Sicht auf die wenigen, kostbaren Momente hohen, wahren Lebens versperren lassen, wie besondere Stellen in einem Musikstück, gemeinsames Bier an Sommerabenden, gemeinsames Herumalbern in einer Gruppe von Freunden, das Ende der Schulzeit (alter Schwede, war das geil!), Geschlechtsverkehr, Spaziergänge, die Natur sowieso und allgemein, auch die herrlichen Schattierungen des Herbstlaubes (und ich bin rot-grün-schwach, müssen Sie wissen) oder das erheiternde Wesen der Kinder.

17.

Disziplin

Wir sollten sinnvolle Arbeit betreiben, die sich später lohnen wird. Da jedoch vom ersten Schritt bis zum fertigen Produkt viele Handgriffe notwendig sind, dauert es eine ganze Weile, bis das Ergebnis zustande kommt. Das heißt wir müssen in einem Moment etwas Anstrengendes machen, ohne sofort belohnt zu werden, auch wenn wir gerade keine Lust haben (was leider oft der Fall ist). Das gegenteilige Phänomen wird im Buch „The Tools"[49] als „Bedürfnis nach sofortiger Belohnung"[50] bezeichnet. Was hilft uns dabei durchzuhalten und auf momentane Vergnügungen zu verzichten? Vor allem sich das Ziel vor Augen zu halten. Frage dich immer wieder: „Warum tue ich das?" Es kann auch helfen, in dem unmittelbaren Moment, bevor man sich zwischen Arbeit und Vergnügung entscheidet, folgenden Vergleich durchzuführen: „Wohin führt es, wenn ich jetzt arbeite?" vs. „Wohin führt es, wenn ich mich jetzt vergnüge?" Anstelle von „wohin führt es" kann auch zumBeispiel „Wie fühle ich mich danach?", gefragt werden. Motivationsbücher sollen sehr gut sein, aber ich habe noch zu wenig gelesen (u. a. weil ich gerade noch die Klassiker lese). Gegebenenfalls – auch wenn ich mich beim Internet immer sehr sträube (s. Kapitel „Internet") – Motivationsvideos. Leibesertüchtigung im schwachen Moment ist top. Hardcore-Methode für die besonders Willigen ist die kalte Dusche. Die kalte Dusche ist eventuell das stärkste Mittel. Unglaublich, bedenkt man, dass bis vor geschätzt maximal hundertsiebzig Jahren sich alle selbstverständlich mit kaltem Wasser gewaschen haben.

---

49 Quelle: Phil Stutz und Barry Michels, The Tools [2012]
50 Quelle: ebenda, Seite 39

Übrigens wird auf Wikipedia, ich weiß nicht mehr ob es der Laster- oder Tugend-Artikel war, erwähnt, dass schon seit der Antike die Annahme existiert, dass Tugend und Laster im ständigen Kampf miteinander stünden und an der Stelle erwähnen sie irgendeinen Maler, der genau dazu ein Bild gemalt hat, aber leider konnte ich es nicht mehr wiederfinden. Das war sehr schade.

18.
Planen

„Wenn man es nicht schafft zu planen, plant man es nicht zuschaffen."
Benjamin Franklin[51]

Vor circa fünf Jahren erzählte mir mein Technik-Lehrer, dass er in meinem Alter immer am Tag vorher aufgeschrieben hat, was er am nächsten Tag machen wollte. Ab dann habe ich das übernommen und es kommt wirklich selten und meistens nur wenn ich sehr erschöpft bin oder am nächsten Tag „frei" habe vor, dass ich am Abend vor dem nächsten Tag mal keinen Plan mache. So wie es mir bisher vorkam, korrelieren diese planlosen Vorabende mit schlechteren Folgetagen, das heißt im Umkehrschluss, dass das Planen die Wahrscheinlichkeit eines gelungenen Tages erhöht. Der Grund ist wohl, dass man beim schriftlichen Planen sieht, wie viel Zeit man wofür braucht. Schwierigkeiten, etwa wenn trotz Terminen noch Sachen gemacht werden sollen, die recht lange dauern, lassen sich schon beim Planen erkennen, weswegen Planen schon zur Lösung solcher Zeitkonflikte beiträgt. Will man zum Beispiel einen Haufen Sachen erledigen, obwohl man schon acht Stunden auf der Arbeit verbringen wird, so kann es sein, dass nicht alles geschafft werden kann. In diesem Fall hilft der Plan dabei, das Wichtigste nach vorne zu verschieben. Oder auch alles ein wenig zu kürzen, sodass man, wenn es schon nicht möglich ist, dass man alles in gewohnter Länge macht, wenigstens von allem ein bisschen macht. Zum Planen nehme ich einen Block und einen Bleistift (mein Rucksack, in dem der Füller ist, liegt ja höchstwahrscheinlich noch

---

51 Quelle: https://www.kneippbund-bw.de/index.php?Zitate [21.04.22]

in dem Klub „Klunkerkranich"). Dann mache ich fünf Spalten: 1. Was? 2. Reihenfolge 3. Dauer 4. Uhrzeit 5. Sonstiges. Bis vor kurzem habe ich noch die Spalte „Status" gehabt. Sie diente lediglich dazu ein Häkchen setzen zu können, sobald die Aufgabe erledigt wurde. Um den Überblick zu behalten und einen Motivationseffekt zu spüren wird mit dem Setzen des Häkchens auch die ganze Zeile durchgestrichen. Vor noch längerer Zeit hatte ich auch noch die Spalte „Priorität". Liebe Leser, diese Spalte ist extrem wichtig! Sollten Sie ernsthaft planen weiterzukommen, wird Ihnen diese Spalte helfen. Dies gilt speziell, wenn Sie viele Termine haben. Nach einer gewissen Zeit müssen Sie die Spalte nicht mehr führen. Ich führe diese Spalte nicht mehr, weil ich

1. mittlerweile genau weiß, was mir wichtig ist (Erfahrung).
2. Ich sehr routiniert arbeite, also jeden Tag fast dieselben Sachen mache (Routine).
3. Ich zur Zeit genug Zeit habe (genug Zeit um alles zu machen). Sollten Sie noch ein „Anfänger" sein, wird Ihnen bestimmt folgender Fehler passieren: Sie planen und schaffen es nie die geplanten Uhrzeiten einzuhalten. Sie hinken ein klein bisschen hinterher, obwohl sie rechtzeitig oder sogar früher angefangen haben. Mit dem Voranschreiten des Tages fallen Sie immer weiter zurück. Dafür gibt es zwei Gründe: 1. Sie verschätzen sich in der Dauer der Tätigkeiten. 2. Sie planen die Tätigkeiten Schlag auf Schlag und planen keine Pausen ein. Den ersten Grund werden Sie – speziell wenn Sie immer das Gleiche machen – recht schnell in den Griff kriegen. Mit den Pausen, also dem zweiten Grund ist es so eine Sache: Einerseits arbeiten wir nach einer Pause meist besser, andererseits werden wir durch Pausen aber auch erst später fertig. Wenn Sie also wenig Zeit haben, sollten Sie nicht pausieren. Selbst wenn Sie schon am Vortag wissen, dass Sie keine Pause machen werden, sollten Sie trotzdem welche einplanen. Denn es gibt zwei verschiedene Arten von Pause und zwar die im klassischen Sinn, die der Willkür unterworfen ist, und aber eine Form der Pause, die mit unseren Körperfunktionen zu

tun hat und unvermeidlich eintritt, z. B. die Toilettenpause. Insofern tun Sie sich also keinen Gefallen, wenn Sie aufeinander geklatscht planen. Da Sie wie gesagt einfach zu Pausen gezwungen sind, erzeugt der resultierende Effekt des Hinterherhinkens nur Frustration. Ich plane zwischen den meisten Tätigkeiten fünf Minuten ein. Was ich schon länger nicht mehr mache, ist längere richtige Pausen einzuplanen. Das brauche ich auch nicht, da meine Arbeit nicht sonderlich bzw. selten anstrengend ist und ich ja relativ lange esse und auch hin und wieder an die frische Luft gehe. Längere Pausen sind dann sinnvoll, wenn Sie sehr lange ausschließlich eine Sache machen. Dann ist die Pause nämlich die Abwechslung. Wenn Sie aber sowieso schon in Ihrer Arbeit genug Abwechslung haben, etwa dadurch, dass Sie mehrere Sachen, die miteinander nicht verwandt sind, machen, brauchen Sie nicht zwingend „klassische" Pausen.

Eine Sonderform der Pause ist die „Akutpause". Kennen Sie diese Situationen, in denen Sie mit einem Projekt nicht weiterkommen, weil sich gerade eine Hürde aufbaut? Reagieren Sie darauf nach kurzer Zeit mit Müdigkeit, obwohl gerade jetzt voller Einsatz gefragt ist? Das ist das eindeutige Signal für eine Akutpause! Dieser Moment ist nichts anderes als der Versuch Ihres Geistes der Anstrengung zu entkommen. Sie sind nicht müde. Genau jetzt kommt es auf Ihren Einsatz an. Akutpause bedeutet: Kurz Abstand nehmen und dann wieder „angreifen". Stehen Sie also vom Schreibtisch auf, machen Sie zum Beispiel drei Kniebeugen, verlassen Sie für einen Moment das Zimmer oder irgendwas in der Art und dann machen Sie weiter, bis Sie das Problem gelöst haben oder zumindest einen Schritt weiter sind. Nach der Pause haben Sie wieder eine bessere Perspektive.

Sie sind berufstätig, aber es gibt irgendetwas, das Sie zusätzlich tun möchten, doch Sie finden nicht die Zeit? Dann hier den vielleicht besten Tipp, den ich Ihnen geben kann: Stehen Sie früher auf. Tun Sie etwas, bevor Sie zur Arbeit gehen. Nach der Arbeit sind Sie erledigt und außerdem könnte es dann sein, dass jemand Ihre Zeit in Anspruch nimmt. Die Zeit vor Sonnenaufgang wird Ihnen keiner stehlen. Keine Anrufe, keine Nachrichten, keine Ablenkungen. Perfekt für Ihr Projekt. Außerdem wird es sich sehr gut anfühlen, schon vor der Arbeit etwas gemacht zu haben. Ihre Laune ist besser, weil Sie nicht im Hinterkopf haben, dass Sie zu Hause noch etwas machen müssen. Dadurch wird es Ihnen leichter fallen, aufmerksam und höflich zu sein.

Zugegeben, frühes Aufstehen macht keinen Spaß. Es kann sehr viel Überwindung kosten, das weiß ich aus Erfahrung, denn ich bin zurzeit gerade mindestens sechzig Tage in Folge um 04:40 aufgestanden. Die meisten kriegen es nicht hin früh aufzustehen, weil sie zu spät ins Bett gehen. Folgende Maßnahmen helfen dabei früh einzuschlafen: Machen Sie Handy und Computer aus. Gucken Sie auf keinen Fall einen Film. Lesen Sie. Schalten Sie das Licht früh aus. Trinken Sie keinen Alkohol. Essen Sie keinen Zucker. Essen Sie wenig. Trinken Sie Ihren letzten Kaffee spätestens sechs Stunden vor dem gewünschten Einschlafzeitpunkt. Machen Sie Mittagsschlaf nur wenn nötig und auch dann nur maximal für fünfzehn Minuten. Treiben Sie Sport. In dem Moment, in dem der Wecker klingelt, MÜSSEN Sie raus. Auch wenn Sie keine Lust haben, denn Sie werden keine Lust haben, das garantiere ich Ihnen. Ich kenne das Gefühl. Sie werden denken: „Nein, nicht so wichtig, heute kann ich auch länger pennen." Hören Sie nicht auf diese Stimme. Sie müssen raus, egal ob Sie müde sind, was getrunken oder zu wenig gepennt haben. Um aufzustehen, gibt es einen kleinen Trick: Platzieren Sie den Wecker nicht in Reichweite des Bettes, sondern so, dass Sie zum Ausmachen des Weckers aufstehen müssen. Wenn Sie aufstehen müssen, um den Wecker auszustellen, sind Sie ja schon aufgestanden, stimmt's? Kaum haben Sie den Wecker ausgeschaltet, kommt die nächste Schwierigkeit: Sie werden sich an hartnäckigen Tagen wieder hinlegen wollen. Reden Sie sich dann bitte folgendes ein: „Jetzt mache ich erstmal dies und das und dann lege ich mich hin. Ganz bestimmt." Nach fünfzehn bis fünfundvierzig Minuten ist die harte Müdigkeit weg und Sie werden sich nicht hinlegen. Meistens kommt dann eine kleine neue Müdigkeitswelle, zumindest ist das bei mir so, meist nach dem Mittagessen. Trinken Sie im härtesten Fall während des Mittagsessens einen Kaffee. Und wenn Sie dann trotzdem müde werden, dann haben Sie meinen Segen sich hinzulegen. Tun Sie das am besten auf dem Rücken, noch besser mit hochgelagerten Beinen. Natürlich muss wieder der Wecker gestellt und außer Reichweite platziert werden. Besonders heftig ist die „Schreibtisch-Methode": Dazu legen Sie sich überhaupt gar nicht erst hin, sondern bleiben am Schreibtisch bzw. tun weiter das, was Sie gerade machen. Wenn Sie nämlich wirklich Schlaf brauchen, werden Sie einschlafen. Ihr Körper holt sich den Schlaf, den er benötigt. Bei mir äußerte sich das immer so, dass ich plötzlich etwas Kaltes an der Stirn fühle. Das war der Moment, in dem meine Stirn den Laptop berührte. Ich war kurz eingenickt. Bei einer längeren Tätigkeit wie dem Komponieren eines Songs oder ähnlichem wird viel Konzentration benötigt. Nachrichten und Anrufe können da sehr ablenken. Unsere Vorfahren hatten dieses Problem nicht. Einer der wenigen Vorteile des Lebens der alten Generationen war, dass es ihnen leichter fiel sich lange mit einer Sache zu beschäftigen. Ihre Konzentrationsfähigkeit war besser. Wie häufig haben Sie heute auf Ihr Handy geguckt? Wie oft und wie lange haben Sie heute telefoniert? Wie viele Emails gekriegt und verschickt? Waren Sie in den Sozialen Netzwerken unterwegs? Zur alten Zeit gab es nur den Brief und es dauerte saulange, bis der irgendwo ankam. Daher sagte Aldous Huxley wahrscheinlich, dass das einzige neue Laster die Geschwindigkeit sei, und er starb 1963, also lange vor dem Internet etc. Um beim Arbeiten gut am Start zu sein, wäre es am besten alle Kanäle abzuschalten, das heißt Flugmodus. Jedoch wäre es verdammt schade, vielleicht sogar paradox, wenn ein Künstler durch eine Maßnahme, die sein Schaffen verbessern soll, daran gehindert wird, dass sein Schaffen belohnt wird. Wird z.B. ein Musiker gerade von einem potenziellen Auftraggeber angerufen, hat aber sein Handy aus, um sich besser konzentrieren zu können, wird der Kunde wohl jemand anderen anrufen. In dem Fall geht es dann etwas zu weit. Mein Tipp: Handy an, Internet aus. Nachrichten immer nur beim Essen prüfen. Gehen Sie nicht zu Unterhaltungszwecken online, immer nur zum Lernen oder Kommunizieren. Versuchen Sie speziell den Morgen immer zum Arbeiten und Erledigen der schweren Dinge zu nutzen. Sowieso immer zuerst die Erledigungen, dann etwas anderes, genauso wie es das Sprichwort, „Erst die Arbeit, dann das Spiel/Vergnügen", empfiehlt. Einen Sonderfall bilden Anrufe. Berufliche Anrufe sollten Sie im Normalfall sofort wahrnehmen. Private Anrufe fallen in zwei Kategorien: die, die Ihnen Freude bereiten und jene, die Ihnen auf die Eier gehen. Je nachdem, wie wichtig Ihre Konzentration gerade ist, können Sie entscheiden, ob Sie den Anruf annehmen oder nicht. Private Anrufe ziehen nämlich nicht so dramatische Konsequenzen hinter sich, wenn sie verschoben werden. Natürlich machen Sie sich auf Dauer unbeliebt, wenn Sie nie rangehen. Daher sollten Sie die Anrufe nach der Aufgabe nachholen. Sie können aber auch die Namen der Leute, die versucht haben, Sie anzurufen, auf eine Liste schreiben und dann nach der Arbeit alle zurückrufen. Leute, die Ihnen weder wichtig sind noch Sie irgendwie weiterbringen, können Sie getrost hintenanstellen, sollten Sie nicht den Mut haben, Ihnen mitzuteilen, dass Sie Ihnen auf den Sack gehen. Oft löst sich das Problem aber ganz von selbst. Schauen Sie keine Nachrichten, gucken Sie keine lächerlichen Videos. Das ist Ablenkung pur. Was nützt es Ihnen sich darüber aufzuregen, dass in Kinshasa jemand zwanzig Leute erschossen hat, oder Venezuela einen neuen, umstrittenen Präsidenten hat? Überhaupt nichts. Sie haben Ihr eigenes Leben. Und um dieses sollten Sie sich kümmern. Nachrichten (also die im Fernsehen) schüren Ihre Ängste, verstärken Unzufriedenheiten und am allerschlimmsten: Sie lenken ab!

19.

Grenzen und Extreme

Vergangene Woche am Freitag bin ich an meine Grenzen gestoßen. Ich bin nach 23:10 Uhr eingeschlafen, wahrscheinlich gegen halb zwölf, weil ich vorher eine Orchesterprobe bis zweiundzwanzig Uhr hatte. Am nächsten Morgen bin ich um 04:40 aufgestanden, um zu trainieren. Sonst bin ich auch frühmorgens platt, allerdings verblasst dieses Gefühl normalerweise im Verlauf des Trainings, doch an diesem Tag war es so derart schwer, dass es wirklich drohte mich zu übermannen. Dazu kommt noch, dass an dem Tag die schwersten Übungen anstanden. Ich glaube ich reduzierte ein wenig und so gegen acht oder neun Uhr legte ich mich für zwanzig Minuten hin. Das war mal wieder ein gutes Beispiel dafür, wie wichtig frühes Zubettgehen ist. Zum Teil haben die Jam Sessions wieder angefangen. Das kann ja heiter werden. Zur Not einfach sechs Stunden pennen und dann aber wirklich aufstehen. Nach null Uhr ins Bett und um 04:40 Uhr raus ist sehr heftig. Das bringt mich jetzt auf die Frage: Was ist wichtiger, früh raus oder fit sein? Schwer zu sagen. Es gibt ja zum Glück noch den Kompromiss: Kurz pennen, früh raus, trainieren etc. und dann bis zu zwanzig Minuten am Vormittag pennen. Dann hat man zwar zwanzig Minuten des produktivsten Teils des Tages verpennt, aber man bleibt trotzdem im Rhythmus. Außerdem sind die nächtlichen Vorkommnisse, deretwegen den ich später als erwünscht ins Bett gegangen bin, ja sehr wichtig, oder denken Sie etwa, es sei wichtiger um 22:40 Uhr ins Bett zu gehen, weil man es immer so macht, als auf eine gesellige Zusammenkunft von Musikern („Session") zu gehen, wo man spontan und zwanglos vor Publikum spielt? Wägen wir es mal ab. Was passiert, wenn wir früh ins Bett gehen? Wir bleiben im Rhythmus und wir kommen leichter aus dem Bett und arbeiten wahrscheinlich sogar ein klein wenig länger. Was passiert, wenn wir auf die Session gehen? Wir schulen unser Können, lernen von anderen, knüpfen Kontakte, machen Menschen glücklich, werden von vielen gesehen, erfahren, ob unser Geübtes auch im Ernstfall aus dem Instrument kommt, lernen unser Lampenfieber zu senken, erhöhen unser Selbstvertrauen, haben Abwechslung und – ganz nebenbei bemerkt – gibt es Freibier. Ich denke, hier ist klar zu sehen, was wichtiger ist;) Logischerweise bin ich oft spätabends auf Sessions gegangen, weil sie nun mal dann stattfinden. Aber auch zum Training ging ich manchmal recht spät, wenn es mein Tag erforderte. In beiden Fällen war ich natürlich saumüde und wäre manchmal gerne zuhause geblieben. Ich musste mich ganz schön überwinden. Das irre war, dass ich mich gerade, wenn ich kaputt war, hinterher besonders gut fühlte. Mittlerweile kenne ich dieses psychologische Schema und höre deswegen *nicht* auf mich, weil es nur ein Trick ist. Es muss schon verdammt weit kommen, dass man so kaputt ist, dass eine Dreiviertelstunde Training gesundheitsschädlich sein kann. Um 21:45 Uhr trainieren, nachdem man einen langen Tag hatte an dem man früh aufgestanden ist, fällt noch nicht in diese Kategorie.

20.

Konzentration

Haben Sie jemals auf einen festen Termin hingearbeitet, zu dem Sie etwas fertig haben mussten? Und damit meine ich nicht irgendeine lächerliche Hausaufgabe, bei der Sie gerade nur das nötigste ablieferten und sich durchmogelten. Nein, sondern eine Sache, die Ihnen wichtig war, die Sie interessiert und weitergebracht hat, die Sie schaffen *wollten*? Waren Sie da konzentriert? Haben Sie sich zu dem Zeitpunkt den Kopf über unnütze Gülle zerbrochen? Unnütze Gülle wie: „Macht mein Leben einen Sinn? Bin ich glücklich? Sollte ich in ein anderes Land?" Oder haben Sie von morgens bis abends gebüffelt, recherchiert, sich vielleicht sogar mit Leuten getroffen, die Ihnen etwas erklären konnten, mit denen Sie sich gemeinsam vorbereitet haben? Ich denke zweiteres.

So ist es, wenn Menschen ein Ziel haben. Sie sind viel zu konzentriert, als dass sie sich von Nichtigkeiten unterkriegen lassen würden. Menschen, die kein Ziel haben, ärgern sich schnell über jeden Kram. Ein Präsident, dessen Land sich in einer schwierigen Lage befand, wurde mal nach seinen Sorgen gefragt. Wissen Sie, was er geantwortet hat: „Ich bin zu beschäftigt. Ich habe keine Zeit, mir Sorgen zu machen."[52] Für die meisten Leute gehört Arbeit zum Alltag. Doch nur für die wenigsten gehört auch Höchstleistung zum Alltag, wobei jeder schon mal mit seinen Grenzen konfrontiert wurde. Sind wir konzentriert bei einer Sache, machen wir dieselbe Menge an Arbeit in kürzerer Zeit. Wir sind also schneller. Ich musste mal innerhalb von drei Stunden ein Notenblatt von einem meiner Stücke kreieren, weil ein paar

---

52 Quelle: https://gutezitate.com/zitat/227698 [21.04.22]

Tage später die Aufführung sein sollte und ich nach diesen drei Stunden nicht mehr dazu gekommen wäre, das ganze abzufertigen. Ich war einem ganz schönen Druck ausgesetzt. Ich war selten so konzentriert bei meiner Arbeit. Ich arbeite ja relativ viel, doch so effizient wie an dem Tag bin ich fast nie. Würden wir alle Momente abziehen, in denen unser Geist abschweift, kämen wir auf viel weniger Arbeitszeit. Prüfen Sie, ob Ihr Geist auch präsent ist. Schweift er zu viel ab, sind Sie wahrscheinlich unterfordert oder ziellos, haben zu wenig Druck oder es lastet etwas auf Ihrem Kopf. In letzterem Fall regeln Sie am besten erstmal diese Sache.

Es gibt verschiedene Motive für Konzentration: Es kann sich um eine lustvolle Tätigkeit, um eine notwendige Tätigkeit oder eine sinnvolle Tätigkeit handeln. Je nachdem, worum es geht, ist die Konzentration unterschiedlich leicht aufzubringen und aufrechtzuerhalten. Je mehr Spaß eine Sache macht, desto leichter fällt es mit dem Kopf bei der Sache zu bleiben. Finden wir etwas interessant, sind wir auch konzentriert, wenn uns hingegen etwas langweilt, schweifen wir ab. Steht Essenzielles auf dem Spiel oder fühlen wir uns bedroht, konzentrieren wir uns ebenfalls. Da also bei interessanten, lustvollen und bedrohlichen Situationen der geistige Fokus automatisch eintritt, sollten wir uns mit den notwendigen und sinnvollen Sachen sowie mit den nicht notwendigen, aber sinnvollen Sachen beschäftigen. Es gibt also sowohl sinnvolle als auch notwendige Dinge, bei denen unsere Konzentration nicht automatisch mitspielt. Wir werden keine Debatte über den Grund oder die Bedeutung dieses Sachverhaltes führen, genauso wenig kommt hier die idiotische These zur Sprache, dass wenn Sachen ja nicht von selbst Konzentration erwecken, sie ja nicht wichtig oder gut sein könnten. So philosophisch sind wir nun auch wieder nicht.

Jene Erledigungen, die sinnvoll sind, aber wenig Spaß machen, haben ihren Sinn in der Zukunft, jedoch lohnt sich der Einsatz nicht direkt in dem Moment der Erledigung. Es sind meist sehr aufwendige, ergebnisorientierte Dinge, deren Fertigstellung manchmal Monate brauchen kann und Sie wissen zwar, dass sie Sie sehr glücklich machen werden, allerdings haben Sie leider keine Garantie, dass „es sich lohnt". Es sind Dinge, die Mut, Fleiß, Ausdauer, Kraft und Verzicht fordern. Das Buch, das Sie in den Händen halten, ist übrigens ein sehr gutes Beispiel! Ich weiß nicht, ob ich es je beenden werde, ob es verlegt wird, ob jemand es kauft, und, und, und … Vor circa vier Monaten habe ich angefangen und mir eigentlich nichts dabei gedacht. Erst gestern hatte ich zum ersten Mal Zweifel, als ich sah wie viele Seiten ich bisher hatte: circa siebenunddreißig.

Doch nun zurück zur Konzentration. Wie können wir es schaffen auch unangenehme Sachen zu erledigen und uns zu konzentrieren? Es gibt zwei Methoden, die negative und die positive Motivation. Bei der negativen müssen wir uns vor Augen halten, was passiert, wenn wir die Aufgabe *nicht* erledigen. Bei der positiven stellen wir uns ununterbrochen den besten Fall vor, nämlich uns selbst nach der Erledigung der Aufgabe, wie wir Schwierigkeiten aus dem Weg geräumt, Probleme gelöst, die Situation gemeistert und Erkenntnisse gewonnen haben, weil wir besser, schlauer, mutiger und stärker geworden sind. Wenn Sie nach ein paar anstrengenden Abenden Ihre Steuererklärung hinter sich haben, werden Sie Ihre normalen Abende mehr zu schätzen wissen; wenn Sie einen Sprachkurs besuchen und am Ende die Prüfung bestehen, werden Sie den Sinn des Übens verstehen etc. Sie sind dann sozusagen eine bessere Version Ihrer selbst geworden. Wenn Sie sich am besten konzentrieren wollen, gehen Sie offline, treffen Sie sich mit jemandem zu lernen, legen Sie Ziele fest und einen Zeitpunkt, zu dem sie erreicht werden müssen, vergegenwärtigen Sie sich den Sinn der Tätigkeit und machen Sie das Schwierigste zuerst.

21.

Zerstreuung(en)

In mehreren Texten wird die Beschaffenheit unseres Geistes erwähnt. Er wird als „undiszipliniert", „flüchtig" und so weiter beschrieben. Er schweift schnell ab. Wird er sich selbst überlassen, so steht es im Buch „Die Tools", durchziehen ihn negative Gedanken[53]. Die meisten von uns kommen psychisch recht gut zurecht. Durch die Tretmühle des Alltags sind wir eigentlich meist recht eingespannt, wodurch negativen Gedanken kein Platz bleibt, weswegen wir auch im Alltag nicht mit ihnen zu kämpfen haben. Kaum kommen wir zur Ruhe, fangen wir an zu grübeln und dann kommen Gedanken auf wie: „*Sollte ich vielleicht umziehen?*", „*Ich habe zu wenig erreicht.*", „*Ich mag mein Leben nicht.*", „*Was sollen nur die Leute denken?*" etc. Negative Gedanken sind leider viel stärker als positive. Und genau deswegen müssen wir tierisch aufpassen! Im Extremfall kann es sogar gut sein, permanent beschäftigt zu sein. Ein Bekannter steckte mal in ernstzunehmenden psychischen Schwierigkeiten. Das war noch bevor wir uns kennenlernten. Wissen Sie, wie er in die Krise gerutscht ist? Er war in einer anderen Stadt, weit weg von seiner Familie, wo er weder stabile soziale Kontakte noch einen Job hatte und dann kamen noch Beziehungsprobleme dazu. Er fing an über sich und sein Leben nachzudenken. Die Lage wurde immer schlimmer und er verfiel in eine Depression, bis er es schließlich noch nicht mal aus dem Zimmer schaffte. Irgendwann beschlossen seine Eltern ihn zurückzuholen, um ihn zu retten. Seine Mutter sagte: „Sohn, du brauchst eine Struktur." Also schaffte ein Bekannter seinen ganzen Kram in einen Laster und fuhr ihn in

---

53 Quelle: Phil Stutz und Barry Michels, The Tools [2012] Seite 171

seine Heimat. Vielleicht fuhr er auch selbst, das weiß ich nicht, er war ja ordentlich am Ende. Dort bereitete er sich auf die Aufnahmeprüfung an einer Uni vor, machte eine Therapie und sein Zustand stabilisierte sich. Seine Empfehlung an Leute, denen ähnliches widerfährt: „Wenn es dir schlecht geht, denk nicht dauernd dran und rede auch nicht dauernd drüber. Das Gute an der Therapie war, dass man sich dort geballt aussprechen konnte, sodass ich nicht meine Mitmenschen mit meinen Problemen belasten musste. Um nicht dauernd über deine Befindlichkeit nachzudenken, schaffe eine Struktur und such dir einen Job, selbst wenn es bei Aldi an der Kasse ist." Sie sehen, wie sich die Empfehlungen meines Freundes mit meinen decken! Vor ein paar Jahrzehnten wurden die Insassen mancher Nervenheilanstalten mit Flachsspinnen beauftragt. Dadurch sollte ihre Aufmerksamkeit von ihren Befindlichkeiten auf eine Beschäftigung gelenkt werden, sodass sie von ihrem Unglück gar nichts merken. In einem Buch, das mir mal unter die Finger kam, war die Rede davon, dass nur der unglücklich sein kann, der die Zeit hat, darüber nachzudenken, ob er unglücklich ist. Ein andermal las ich, dass keiner so unglücklich sei, dass er durch Zahnschmerzen heiter werden würde[54]. Lieber Leser, wenn es Ihnen schlecht geht und Sie möglichst schnell wieder zurechtkommen wollen, können Ihnen folgende Strategien helfen: Geben Sie sich der Niedergeschlagenheit nicht hin! Sobald Sie sie registrieren, tun Sie etwas, was Sie geistig voll in Anspruch nimmt. Laufen Sie, kochen Sie, komponieren Sie, telefonieren Sie mit einem Freund (allerdings nicht volllabern!), irgendwas. *Wenn Sie wollen, dass es Ihnen wieder besser geht, dürfen Sie keine Zeit für die Negativität haben!* Sollten Sie sich dabei ertappen, dass Sie untätig ins Leere schauen, ist das ein Zeichen, dass Sie zu viel Zeit haben. Wenn schon im normalen Zustand negative Gedanken stärker sind als positive, wie viel stärker werden sie dann in dem Moment sein? Eine andere Sache, die

---

54 Quelle: Unbekannter Autor in Fliegende Blätter, humoristische deutsche Wochenschrift [1845-1944]

Ihnen vielleicht weiterhelfen wird: Suchen Sie im Internet nach Leuten, denen es wirklich schlecht geht, indem Sie Dinge wie „ich hasse mein Leben", „ich bin am Ende", „ich will sterben" etc. eintippen. Dadurch, dass Sie sich Fälle von Leuten, denen viel Schlimmeres als Ihnen widerfahren ist, zu Gemüte führen, wird Ihnen klar werden, wie gut es Ihnen trotz allem eigentlich geht. So kommen Sie aus dem Loch raus. Vermutlich ist nur ein Bruchteil unserer Arbeit wirkliche Arbeit. Das gilt zumindest für geistige Arbeit, bei der man ja schnell „abrutscht". Körperliche Arbeit ist wahrscheinlich strapaziöser, allerdings kann bei körperlicher Arbeit davon ausgegangen werden, dass zwei Stunden Arbeit auch wirklich zwei Stunden Arbeit sind. Es ist ja optisch nachvollziehbar. Mit geistiger Arbeit ist es anders, weil man nicht mit den Augen prüfen kann, womit sich der Geist beschäftigt. Dies spricht eindeutig für das Arbeiten in einer Gruppe. Dadurch, dass sich mindestens eine weitere Person mit dem Thema beschäftigt, fällt es auf, wenn wir abschweifen, was bedeutet, dass wir in der Gruppe einen höheren Teil der Arbeitszeit mit Arbeit verbringen als allein.

22.
Faulheit

Jeden Morgen, wenn ich vom Training komme, würde ich mich am liebsten damit belohnen, dass ich etwas esse, den ganzen Tag irgendwas glotze, mal spaziere oder einen Ausflug mache und das Leben genieße. Es zieht mir dann durch den Kopf: „Ach, das wäre alles so schön!" Doch kaum habe ich kalt geduscht, fällt es mir viel leichter mit dem Üben anzufangen. Nach einiger Zeit fällt mir immer wieder auf wie viel es zu lernen gibt und wie wenig ich eigentlich kann. Im Verlaufe dieser Beobachtungen verschwindet der Wunsch nach Urlaub, das gilt v. a. für das Komponieren. Dann will ich mich weiterentwickeln und das steht dann im Vordergrund. Dann folgen meine Erledigungen, die ich am Vorabend geplant habe und die mir zum Teil recht wenig Spaß machen. Habe ich alles erledigt, ist es manchmal schon fast Schlafenszeit. Dann durchströmt mich ein Glücksgefühl, das alles andere wettmacht. Ich bereue es also nicht. Und wissen Sie was? So geht es mir jeden Tag. Es ist immer wieder dasselbe. Am Anfang habe ich keine Lust etwas zu tun, aber habe ich erstmal angefangen und „bin drin", funktioniert es und dann *will* ich sogar. Einer der Gründe, arbeiten zu wollen ist die Selbsterkenntnis, darüber was Sie alles noch nicht können, was es noch zu lernen gibt, wie viel besser Sie sein könnten und wie viele Schritte notwendig sind, um an Ihr Ziel zu gelangen. So wird Ihnen *der Sinn* ins Auge springen. Auch entsteht Inspiration oft im Moment der Arbeit, wenn Sie sich mit Ihrem Stoff auseinandersetzen. Ihre Vorstellungen werden klarer und sozusagen zu „Visionen". Eine andere Erkenntnis ist die bereits angesprochene nüchterne Tatsache, dass unser Leben sehr kurz ist. Wenn man bedenkt, dass man vor allem als berufstätiger Elternteil selten Freizeit hat und selbst diese an jeder Ecke „geklaut" wird, werden Sie, wenn Sie auch nur den Hauch einer schöpferischen Triebkraft verspüren, mich gut verstehen, wenn ich Ihnen versichere, dass Sie sich Ihre Zeit freischaufeln, nein, freikämpfen, regelrecht zurückerobern müssen. Kennen Sie das, wenn Sie nach Feierabend jemanden von Ihrer Arbeit sehen (kein guter Freund oder dergleichen), der Anstalten macht in die selbe Bahn zu steigen? Was geht Ihnen in dem Moment durch den Kopf? Klappen Sie jetzt kurz das Buch zu und überlegen Sie sich: Was ist in einem solchen Moment mein erster Gedanke? Ist es: *Mist, jetzt muss ich mich zu ihm setzen?* Oder vielleicht doch eher: *Er hat mich noch nicht gesehen, noch kann ich mich verstecken?* Wie sind Sie mit der Situation umgegangen? Haben Sie sich zu ihm gesetzt, nachdem er Sie sah, oder hat er sich ansehen lassen, dass auch er jetzt keine Lust auf Gesellschaft hat? Oder haben Sie ihm vielleicht erklärt, dass Sie jetzt nach der Arbeit lieber allein sitzen und dass es nichts mit seiner Person zu tun hat? Letztere Variante kann Ihnen übrigens sehr helfen. Der Kollege wird sie verstehen, weil es ihm wahrscheinlich genauso geht. Er wird erleichtert sein, weil er jetzt alleine sein kann, und er wird Ihnen hoch anrechnen, dass Sie Ihre Vorliebe ehrlich kommuniziert haben. Insofern also eine „Win-win-Situation".

Was ist es, dieses Streben der Menschen nach dem Alleinsein? Wird nicht immer behauptet, der Mensch sei ein soziales Wesen? Einsamkeit verkürzt das Leben beträchtlich. Kleine Kinder nehmen andauernd Kontakt zu anderen auf. Setzt man sie zum Beispiel an ein offenes Fenster, das zur Straße hinaus geht, sagen sie zu jedem Passanten: „Hallo!" Wie verteilen sich Fahrgäste im Zug, wenn wenig Leute da sind? *Dann sitzt pro Vierer einer.* Und was machen sie? Holen das Handy raus und gucken auf den Bildschirm. Größtenteils treiben Sie sich auf Sozialen Netzwerken rum. Sie sozialisieren im virtuellen Raum, während sie gleichzeitig im realen Raum *echte* Sozialisation meiden. Ist das nicht paradox?

Wenn Menschen soziale Wesen sind, wieso tun wir uns dann nicht im öffentlichen Raum zusammen? Gibt es einen Unterschied zwischen privater und öffentlicher Sozialität? Warum ziehen wir Soziale Netzwerke dem öffentlichen Sozialisieren vor?

Warum setzen wir uns allein in einen Vierer, kommunizieren im Netz, aber nicht mit unserer direkten Umgebung? Im Internet haben wir die Möglichkeit zu betrachten, ohne zurückbetrachtet zu werden. Online können wir negative Gefühle bezüglich der Inhalte anderer leicht kaschieren, während wir bei der direkten Unterhaltung, gefordert sind, unsere Reaktion unmittelbar und sichtbar unserem Gegenüber zu zeigen. Außerdem können wir im Netz auch einfach gar nicht reagieren, was in einer direkten Unterhaltung undenkbar wäre.

Es ist *„soziale Faulheit".* Den Menschen ist es zu viel, zwanzig Sekunden ins Vorstellen und Hallo-Sagen zu investieren. Ihr Leben, oft auch ihre Arbeit macht sie zu platt, als dass sie nach der Arbeit noch unbekanntes Areal betreten können und vorher sind sie zu müde. Mit der Pornographie ist es nicht viel anders. Man verzichtet auf die Anstrengung, die für den Kennenlernprozess eines realen Gegenübers nun mal aufgebracht werden muss, opfert aber auch gleichzeitig das Erleben einer *echten* Erfahrung, nur um stattdessen das kontrollierbare, aber im wahrsten Sinne des Wortes das billige Abbild zu konsumieren. Das wäre dann die „sexuelle Faulheit". Der Siegeszug der Sozialen Netzwerke und der Pornos ist im Wesentlichen der menschlichen Eigenschaft zu verdanken, andere gerne zu beobachten, ohne selbst gesehen zu werden. Spannertum bzw. Voyeurismus, wie es der Fachmann nennt. Immer nur nehmen, nicht geben, würde das Motto lauten, wenn ich eines suchen müsste. Warum wollen wir selbst nicht gesehen werden? Wenn wir nicht beim Spannen gesehen werden wollen, kann Voyeurismus dann überhaupt eine gute Eigenschaft sein? Sind die visuellen Plattformen nichts anderes als zeitfressende Tobekeller der Feigheit? Gestern war ich mit einem interessanten Fall von sozialer Faulheit konfrontiert. Vorgestern schrieb mir ein befreundeter Pianist auf meine Nachfrage hin, dass ich am nächsten Tag um siebzehn Uhr vorbeikommen könne. Da wir an sich Straßenmusik machen und das nur von Montag bis Samstag dürfen, entstanden in mir gemischte Gefühle. Ich wusste nicht, was er vorhatte, weswegen ich bezweifelte, dass es produktiv sein würde und gleichzeitig entstand meinerseits ein gewisser Stress, denn es gab genug Dinge, die noch zu erledigen waren. (Das ist sowieso ein spezielles Phänomen, dass es immer etwas zu tun gibt. Ich hatte dazu neulich eine Art Geistesblitz: Dadurch, dass es sowieso *immer* etwas zu tun gibt, kann man sowieso nie fertig werden und dadurch, dass nun mal die verschiedenen Dinge unterschiedlich wichtig sind, ist es logisch und daher auch völlig in Ordnung, dass manche Sachen liegen bleiben. Es geht sozusagen gar nicht anders. Das nur für Sie als Trost, sollten Sie diesem Problem ausgeliefert sein. Vor allem Selbstständige kennen das.) Als ich losging, war noch alles trocken, ich hatte lediglich ein T-Shirt an. Kaum war ich in die Tram eingestiegen, fing es heftig zu regnen an. Beim Umsteigen musste ich vielleicht sechzig Meter über die Straße rennen, aber die kurze Zeit machte mich schon so nass, dass ich dachte: „Mist, wenn ich jetzt die sechshundert Meter von der Station bis zu Tim (so heißt der Pianist) zurücklege, bin ich so nass, dass ich Klamotten von ihm brauchen werde. Verdammt!" Kaum stieg ich aus, merkte ich auf der Treppe nach oben zur Straße, dass es verblüffenderweise aufgehört hatte zu regnen. Die Fahrt war nur wenige Minuten lang gewesen, weshalb es mich überraschte. Was für ein Glück! Also ging ich zu Tim und war trocken genug, um nicht die Klamotten wechseln zu müssen. Dann probten wir und danach legten wir fest, was wir in unser Set nehmen. Mit Tims Hilfe fand ich anschließend den Mut, einen Song zu singen, den ich geschrieben hatte. Das hatte ich mir auch vorher zum Ziel gemacht, doch als ich bei Tim war, verließ mich der Mut. Seiner Ermutigung verdanke ich die Aufführung. Dadurch bin ich psychisch gewachsen. Vielen Dank, Tim! Wichtig: Als ich losging und auch schon die ganze Zeit vorher hatte ich echt wenig Lust, ob aus Bequemlichkeit oder weil ich wirklich „Besseres" (Woher will man wissen, ob es besser ist, wenn das andere nicht ausprobiert hat?) zu tun hatte, mag dahingestellt sein. Jedenfalls ging ich trotzdem hin und es kam mir schon fast wie ein Zeichen vor, dass ich erst mit Regen zu kämpfen hatte und schließlich „belohnt" wurde, indem beim zweiten Ausstieg der Regen weg war. Und als ich zurückging, fühlte ich, dass es die richtige Entscheidung war, eben weil es mit einem Sieg gegen die Angst verknüpft war. Außerdem kam unser Projekt einen Schritt weiter. Am Folgetag hatte ich mittags einen Straßenmusik-Gig, auf den ich wenig Lust hatte, weil er in der prallen Sonne stattfand, der eine Mitmusiker immer zu spät kam, es zu wenig Geld gab und wieder mal etwas liegenblieb (was ja vorallem bei Terminen in der ersten Tageshälfte gerne passiert). Ich war also der Meinung: „Es lohnt sich nicht." Aber sobald ich von Tim zurückkam, spürte ich, wie wichtig es war zusammenzukommen und konnte mir, indem ich mir immerzu den *Sinn* des Treffens vergegenwärtigte, die Vorteile vor Augen führen, wodurch ich die ganze Aktion gut gelaunt überstand. Auch da konnte ich im Nachhinein sagen: Die Vorteile überwogen ganz klar die Nachteile. Dazu gibt es ein gutes Sprichwort auf Englisch: „Our sacrifice will pale next to our rewards."[55] Auf Deutsch: „Unsere Mühen werden neben unseren Belohnungen verblassen." Es passiert gar nicht so selten, dass irgendwo etwas stattfindet, wo ich hinfahren muss. Hätten Sie Lust, sich abends nach einem langen Tag noch auf eine Session in einem anderen Stadtteil mit einer Wegzeit von bis zu einer halben Stunde (manchmal sogar mehr) zu begeben trotz einer bleiernen Müdigkeit, wissend, dass Sie deswegen in der Nacht weniger schlafen werden? Das Erstaunliche an der Sache ist: Jedes Mal bin ich froh, dass ich es getan habe. Fast jedes Mal zumindest. Und so geht es mir mit allen möglichen „Loszieh-Aktionen". Vorgestern war ich am Flughafensee und gestern im Zoo. Es hat mir richtig viel gegeben. Beides. Auf dem Weg zum See wusste ich beim Ausstieg nicht in welche Richtung ich gehen sollte. Ich ging auf gut Glück nach links. Es ging an Schrebergärten vorbei. Es war der richtige Weg. Dann musste ich eine Passantin nach dem Weg fragen. Ich ging durch ein nicht allzu dichtes Waldstück an einem Privatgrundstück, wo – warum auch immer – die Straßenschilder auf französisch waren, vorbei. Etwas früher als gedacht tat sich vor

---

55 Quelle: https://time.com/5304199/hereditary-toni-collette/[21.04.22]

meinen Augen ein sonnenbeschienener, monumentaler, von grün-
blättrigen Bäumen umgebener See auf, dessen gleißende, früh-
abendliche Spätnachmittagssonnenreflexion in mir augenblick-
lich die Erinnerung an eine Bierwerbung weckte (Warsteiner
oder Krombacher). Ab da hatte ich die ganze Zeit Bock auf Bier.
In dem Abschnitt, in dem ich zuerst nach einem geeigneten Platz
für den Videodreh suchte, ging das Ufer so steil abwärts, dass es
ungeeignet war. „Hoffentlich ist es nicht überall so“, dachte ich.
Dann kamen ein paar gute Stellen. Doch da waren überall schon
Leute. Als ich durch ein paar Büsche nach rechts von einer guten
Stelle wegging, weil da schon ein paar junge Frauen waren, fielen mir fast die Augen raus: Ich war plötzlich, von null auf hundert, einfach so, völlig unverhofft auf einem FKK-Strand gelan-
det. Ich war so dermaßen perplex, dass ich automatisch etwas
rausstammelte wie: „Alter Schwede, ist das heftig.“ Sofort machte ich kehrt, um weiterzusuchen. Jetzt begriff ich auch, warum
es mir so vorkam, als hätten mich die Frauen von kurz davor
leicht komisch angeguckt. Sie dachten wahrscheinlich ich sei ein
Spanner. Dabei wusste ich ja nichts davon, aber wer würde mir
das abkaufen? Die nächste gute Stelle war zum Glück endlich
leer. Hier kümmerte ich mich um den Videodreh. Es funktionierte recht gut und nach vielleicht fünfunddreißig Minuten begab ich mich auf den Rückweg. Es ging also wieder am FKK-
Strand vorbei. Diesmal kam ich jedoch nicht von der Seite,
sondern ging obenrum auf dem Weg, der den See umrundet,
entlang, sodass die meisten Nudisten, mir mit dem Rücken zu-
gewandt, in Richtung See schauten. Nach getaner Arbeit, die
wie gesagt recht gut verlief, und das obwohl ich meinen Karton
zum Draufstellen vergessen hatte, war ich recht gut gelaunt und
dachte mir: „Jetzt, wo ich so eine gute Sicht habe, nehme ich
mal die Nackten etwas genauer unter die Lupe.“ Zuerst fiel mir
eine Frau, um die Ende fünfzig auf, deren wunderschöne Rie-
senmelonen sich mir in voller Pracht darboten, weil sie ihre vol-
len Möpse gerade stehend mit dem Gesicht zu mir abtrocknete.
Ich schaute gerade hin, als sie das Handtuch vom Bauch nach
oben führte und beim Abtrocknen der Unterseite ihrer Oschis,

diese zwangsläufig nach oben presste, wodurch ihre Milchwirtschaft umso voluminöser wirkte, falls das überhaupt ging. Kurz darauf jedoch fiel mir eine Frau auf, die ein Kind an der Hand führte. Sie hatte ein sehr breites Becken, das zum Beischlaf einlud und auch ihre Brüste waren schön groß, was ja bei breiten Hüften selten der Fall ist. Ich bespannte die Mutter fleißig, um mir ihr Bild möglichst gut einzuprägen. Beim Weitergehen genoss ich noch ein wenig die idyllische Kombination aus frühabendlicher Sonne und Natur. Am nächsten Tag waren wir anlässlich des Geburtstages meiner Nichten im Zoo. Tiere aus aller Welt zu sehen, kann sehr inspirierend sein. Einziges Manko: Leider war das Aquarium zu, doch der volle Busen der Mutter meiner Nichten, den sie wie fast immer in einem tiefen Ausschnitt zur Schau stellte, machte das ganze wieder wett. Übrigens, im Berliner Zoo gibt es einen Teil, der für Hirsche da ist, sie hatten Weißwedelhirsche, Damhirsche und Chinesische Muntjaks, die ich aber nicht zu Gesicht bekam, aber keine Rothirsche. Zumindest habe ich trotz intensiven Suchens keine gefunden. Falls jemand das hier liest und irgendwas mit dem Berliner Zoo zu tun hat, bitte fügen Sie Rothirsche hinzu! Beide Orte, sowohl der See als auch der Zoo haben mir sehr gutgetan und in beiden Fällen hatte ich Startschwierigkeiten. Ich verließ sie mit einem Gefühl der Bereicherung. Geht man mal die beiden Ausflüge durch, habe ich Dinge erlebt, die sehr überraschend waren und die ich zu Hause gar nicht hätte erleben können und das sozusagen als Bonus zusätzlich zu dem Zweck meiner Reisen, der ja ein völlig anderer war. Wer würde damit rechnen, dass er auf Nackte trifft, wenn er sich wegen einer völlig anderen Sache auf den Weg macht? Ein alter Mann meinte mal, heutzutage brächen soziale Verbindungen leichter auseinander, damals hätten sich Menschen nach Zerwürfnissen hingegen wieder zusammengetan. Er erwähnte auch, dass er früher auf jeder Zugfahrt neue Leute kennenlernte und danach immer ein paar Freunde mehr hatte. Der Grund, warum ich die beiden Ausflüge erwähnt habe, ist, um zu zeigen, dass das Sprichwort über Aufwand und Nutzen auch auf Ausgänge, Ausflüge und soziale Faulheit zutrifft.

Natürlich bringen Sessions auch Nachteile mit sich wie zum Beispiel die erhebliche Erschwerung des frühen Aufstehens oder in meinem Fall Alkoholkonsum, doch ist es nur selten so, dass mir eine Session gar nicht gefällt. Wenn zu laut gespielt wird oder ich nah am Schlagzeug stehen muss, sind das Dinge, die mir die Freude rauben können. Das muss wirklich nicht sein. Heute ist zum Beispiel nach langer Zeit wieder eine Session im ZigZag (=ZZ) und ich weiß echt nicht, ob ich hingehe, weil ich genug Sinnvolles zu Hause zu tun habe, die Anfahrtszeit lang ist, man dort meist nur wenige Stücke mitspielen darf und ich später ins Bett gehen werde, wodurch ich morgen beim Aufstehen kaputt sein werde etc. Aber auf der anderen Seite sehe ich die Musiker wieder, habe sozialen Umgang, mache Menschen glücklich und verbessere mich. Sie sehen, es ist eine Frage der Priorität. Werde morgen berichten, ob ich hingegangen bin. Ok, Ich war da. Sie müssen sich vorstellen, der Weg von Haustür zu Haustür war so lang, dass ich um die Uhrzeit im ZZ ankam, zu der ich sonst zu Bett gehe! Es war aber gut hinzugehen. Ein Lied habe ich mir angehört, bei dreien mitgespielt und danach noch ein oder zwei angehört. Ich glaube es war nur eins. Währenddessen habe ich ein kleines Freibier getrunken, das war ein Genuss! Die Kellnerin, die ich vom letzten Mal noch kannte, strahlte immer so. Sie und auch die andere Kellnerin, ein schlanker Schwarzer Mensch, waren beide sehr nett. Im ZZ sind die Kellnerinnen irgendwie immer sehr nett. Warum, weiß ich nicht. Auf dem Rückweg hatte ich das Riesenglück, dass die Bahn sofort kam. Sehr schön! Iru hat sich, glaube ich, gefreut, dass noch ein Mitspieler da war, sowie auch der Drummer Tiberian. Es war noch ein anderer Trompeter da, von dem ich schon mal gehört hatte. Er war auch nicht schlecht. Den Bassisten sah ich zum ersten Mal. Ich konnte allerdings nur vier Stunden schlafen, war beim morgendlichen Sport *ultra*müde und der Tag war recht matt). Von 16:52-17:00 Uhr holte ich acht Minuten Schlaf nach. Sie würden sich wundern, wie viel das gebracht hat. Den Rest des Tages war ich dann wieder fit. Es war wie gesagt gut, dagewesen zu sein und ich bereue es auch nicht, allerdings würde ich in dem Fall sagen, dass die Nachteile überwogen. Vor allem, weil der nächste Morgen grenzwertig war. Aber unsere menschliche Perspektive ist begrenzt, momentan denke ich noch, dass die Nachteile überwogen, aber wer weiß, wer wem erzählt, dass ich auf der Session war und wohin das führt? Naja, so weiß man wenigstens, wie stark man ist. Von den Sessions, die ich bisher besucht habe, ist die ZZ-Session aber auch mit Abstand die „reiselastigste". Übrigens, was ich noch in Bezug auf das Treffen vergessen habe zu erwähnen: Jener Sonntag, an dem ich Tim aufsuchte, bildete die Krönung einer guten und produktiven Woche, weswegen ich, als ich heimkam, den Drang verspürte mich zu vergnügen, mich irgendwie zu belohnen. Ich hatte tierisch Lust auf ein Bier, sogar ein Snack wäre infrage gekommen. Es gab nur noch wenig zu tun und ich hatte circa drei Stunden bevor ich ins Bett gehen wollte. Ich legte meine Sachen ab, hakte geschwind die Erledigungen ab und ging spazieren. Ich wollte außerdem noch intensiv lesen vor dem Einschlafen. Ich fing vielleicht gegen einundzwanzig Uhr an zu lesen und es kam, wie es kommen musste: Anstatt, dass ich bis zu meiner normalen Schlafenszeit las, pennte ich ungewollt bei brennendem Licht gegen circa halb zehn ein. Irgendwann in der Nacht wachte ich dann auf und machte das Licht aus. Es war zwar schade, dass ich die Vergnügungszeit nicht in vollem Umfang bewusst genießen konnte, aber dafür war ich am nächsten Tag etwas wacher. Wer weiß, wie es gewesen wäre, wenn ich draußen Bier getrunken hätte?

23.
Familie

Die meisten Menschen haben ein sehr enges Verhältnis zu ihren Blutsverwandten. Es gibt auch viele, deren Wochen alle gleich verlaufen. Morgens bis nachmittags gehen sie zur Arbeit. An den Abenden machen sie Sport und gehen anderen Hobbies nach, an den Wochenenden gehen sie abends in die Kneipe und machen tagsüber etwas mit ihren Lebensgefährten und der Familie oder gehen auf eine Geburtstagsfeier. Eine sehr gute (ehemalige) Freundin war fast immer unter Leuten. Kurz nachdem sie geschlechtsreif geworden war, hatte sie immer einen festen Freund mit nur kurzen Unterbrechungen. Mit circa dreiundzwanzig Jahren bekam sie ein Kind. Speziell Scheidungskinder wollen immer unter Leuten, vorzugsweise Gleichaltrigen sein, zum Beispiel in einer Clique. Menschen aus wackeligen Verhältnissen sind besonders gesellig.

Die Familie ist die einzige Menschengruppe, die jeden Menschen sein ganzes Leben lang begleitet. Andere Gruppen sind nur für bestimmte Lebensabschnitte (Kindergarten, Schule, Berufszeit) unsere Begleiter. Zudem kommt heutzutage noch dazu, dass viele für ihr Studium oder ihren Berufsdienst in eine andere Stadt oder gar ein anderes Land ziehen, sodass es dahingehend wenig Kontinuität gibt. Bis vor circa hundert Jahren war es normal, dass ein Sohn den Beruf seines Vaters übernahm und oft auch sein ganzes Geschäft. Wenn der Sohn den Laden seines Vaters übernahm, blieb er natürlich im gleichen Ort, wodurch die Familie ja erst recht immer um ihn war. Bill Gates sagte, dass nach der Familie die Schule der wichtigste Ort für Heranwachsende sei[56]. Die Chinesen sagen,

---

56 Quelle: https://gutezitate.com/zitat/137207 [21.04.22]

Familie sei ein Geschenk, dass man jeden Tag bekomme. Was gibt es sonst noch zu sagen? Dass Familie der Ort ist, wo am meisten Liebe und am meisten Streit aufeinandertreffen? Dass jeder, der das öffentliche Ansehen verliert, immer noch zu seiner Familie kann, die ihn immer aufnehmen wird? Irgendwo kam die Diskussion auf, was wichtiger sei, Freundschaft oder Familie. Während ich noch den Schock verarbeitete, dass tatsächlich so ein Thema erwähnt wurde – ich war tatsächlich verdutzt – behaupteten tatsächlich einige, dass Freunde wichtiger seien als Familie, darunter eben auch ein Scheidungskind. Ich hoffe und glaube, dass ich mich damals der Diskussion enthielt, schließlich macht es in meinen Augen keinen Sinn, die beiden miteinander zu vergleichen, weil man sich seine Familie weder aussucht noch mit ihr das Verhältnis beendet. Freundschaften schlafen manchmal ein, wenn eine Partei wegzieht, so ist es mit der Familie nicht. Und sowieso sind Freundschaft und Familie einfach *anders*. Schwierig ist die Vereinbarkeit von Familie und einem Beruf oder gar einer Karriere, wenn viel gereist werden muss. Wie das manche Berühmtheiten hinkriegen, ist mir ein Rätsel und ich muss sagen, dass ich das sehr bewundere und zu schätzen weiß. Meine Wenigkeit – und Ihre vielleicht auch – kriegt jetzt schon nicht alles unter einen Hut und ich habe weder einen Vollzeitberuf, noch Kinder, noch bin ich verheiratet. Ich weiß auch von mindestens einem berühmten Mann, der seiner Vaterrolle aus Karrieregründen nicht gerecht wurde, was sich darin äußerte, dass seine Frau oder Exfrau mal auftauchte und ihm vor versammelter Mannschaft vorwarf – ich glaube, er war da auf einer Feier – dass es seine Schuld sei, dass ihre gemeinsamen Kinder Versager seien, wonach er, glaube ich, sogar weinte. Aber wie gesagt, interessant sind ja die, bei denen es funktioniert.

24.
Kunst

Wir machen folgende Übung: Ich werde Ihnen eine Frage stellen, danach legen Sie direkt das Buch zur Seite, überlegen sich eine Antwort und vergleichen Sie danach mit meiner. Falls Sie an einer meiner CDs interessiert sind, schicken Sie Ihre Antwort an den Verlag. Dem, der uns die geilste Antwort schickt, kriegt ein Gratis-Album und wenn nur eine einzige Antwort eintrifft, wird halt dieser Kandidat beschenkt. Also, worauf warten Sie noch? Die Frage lautet: Was ist der Unterschied zwischen einem Künstler und einem Nichtkünstler (im Folgenden „Konsument" genannt)? Und jetzt schnell das Buch zu und Ihre Antwort notieren und ab an den Verlag!

Der Künstler fertigt etwas an und der Konsument verbraucht etwas, meist in dem er das Produkt mit seinen Sinnen verarbeitet. Um es bildlich zu veranschaulichen: Kunst kommt aus dem Menschen raus, beim Konsum kommt etwas in den Menschen hinein. Somit stehen die beiden sich als Gegenteile gegenüber. Im Buch „The Tools"[57] wird auf drastische Weise auf den Konsum hingewiesen. Er sei *die* Krankheit unserer Zeit. Dinge werden sich nur gierig einverleibt auf seelischer und körperlicher Ebene, sobald ein Produkt oberflächlich, oft einmalig genutzt wurde, saugt der Konsument schon gierig das nächste in sich hinein. Oft versucht der Konsument mit möglichst wenig Aufwand möglichst viel zu kriegen. Die Folge eines Daseins als Konsument: Wenn er gestorben ist, ist es, als wäre er nie dagewesen. Was kann man tun damit dieser Fall nicht eintritt? Die Empfehlung der Autoren: „Schöpfer" sein. Ein Schöpfer ist für sie jemand, der nicht

---

57 Quelle: Phil Stutz und Barry Michels, The Tools [2012]

alles so akzeptiert, wie er es vorfindet und neue Dinge einführt, der nicht einem Herdentrieb folgt, sondern seinen Kurs selbst gestaltet und Dinge tut, die sich zunächst nicht unmittelbar für ihn lohnen, aber Sinn machen. Er geht also nicht wie der Konsument immer den Weg des geringsten Widerstandes. Er ist darauf erpicht Dingen seinen eigenen Stempel aufzudrücken[58]. Bin auf eure Einsendungen gespannt!

Der jetzige

NACHTRAG

könnte auch zum Thema Komponieren passen, steht aber dennoch hier unter Kunst, weil ich vermute, dass es auf alle Kunstrichtungen zutrifft. Und zwar: Eine der ernüchternden Erfahrungen, die Künstler machen, ist, dass zum einen die Idee viel schneller da ist, als sie umgesetzt wird und zum anderen, dass Ideen oft nur geschmälert realisiert werden können, zumBeispiel weil sie zu abgefahren sind und die Mittel nicht da sind, bzw. die Beschaffung der Mittel mit utopischen Mühen verbunden wäre. Daher kommt es im Laufe eines Künstlerlebens oft nur zur Umsetzung eines Bruchteils der Ideen, die der Künstler hat. (30. meines Bruders!)

---

58 Quelle: ebenda, Seite 217

25.
Abschluss

Liebe Lesende, es ist mir ein außgesprochenes Vergnügen, dass Sie das Buch nicht nur in den Händen halten, sondern es bis zum Ende gelesen haben! Vielen Dank! Sollten Ihnen die Schilderungen auch nur ein wenig weitergeholfen haben, beruhigt mich das, da ich weiß, dass es Sinn gemacht hat, es zu verfassen. Zögern Sie nicht mir zu widersprechen oder Dinge anders zu sehen als hier beschrieben. Wenden Sie an, was Sie interessiert, lassen Sie weg, was für Sie nicht infrage kommt. So bilden Sie sich *Ihre eigene* Meinung und können *Ihren eigenen* Weg *guten Gewissens* gehen.

Für Vorschläge, Richtigstellungen, Wünsche und Fragen bin ich offen, zögern Sie nicht mir an eine Email zu schreiben: janos.adrat@gmx.de.

Falls das Buch Ihnen gefallen hat, zeigen Sie es Ihren Freunden! Falls es Sie interessiert, wer hinter dem Werk steckt und was er sonst so macht, besuchen Sie meinen Youtube-Kanal „János der Trompeter":

https://www.youtube.com/channel/UCsqgw-4ePUMmPOb-17wgVvg
oder meine Website:
janos-der-trompeter.de/

In diesem Sinne: Auf Wiedersehen!

26.
Dank

Mein Dank geht an meine Freunde, meine Familie sowie die Mitarbeiter des Vindobona-Verlags. Es war eine tolle Überraschung, dass sie sich zu einer Zusammenarbeit bereit erklärt haben.

Ganz besonders danke ich allen Autoren jener unten aufgeführten Bücher, die mich sehr inspiriert und motiviert haben. Sie und ihre geistige Größe bewundere ich.

Auch allen Leuten, die mir über den Weg liefen und zu zahllosen interessanten Situationen beigetragen haben, die hier zum teil erwähnt werden, danke ich, denn ohne sie wäre es einfach nicht zu diesen Erlebnissen gekommen.

Schlussendlich bedanke ich mich bei dir, liebe*r Leser*in, denn was nützt das beste Buch, wenn es keiner liest?

27.
Literaturverzeichnis

- Kenny Werner, „Effortless Mastery", 1996, Jamey Aebersold Jazz
- Jocko Willink, „Der Weg der Disziplin", 2017, finanzbuchverlag
- Phil Stutz & Barry Michels, „The tools", 2012, Arkana Verlag
- Virtuoso,
- Dizzy Gillespie with Al Fraser, „To be or not to bop", 1979, University of Minnesota Press
- Maxi Wander, „Guten Morgen, du Schöne", 1978, Sammlung Leuchterhand
- Dale Carnegie; „Sorge dich nicht – lebe!" 1944–1948, Fischer
- Aurelius Augustinus, „Die Bekenntnisse des heiligen Augustinus",397 bis 401 n. Chr, tredition

DER AUTOR

Der Autor, der unter dem Pseudonym János der Trompeter publiziert, wurde 1993 als der jüngere von zwei Brüdern geboren und wuchs in einem musikalisch und christlich geprägten Umfeld auf. Nach seinem Abitur studierte er von 2009 bis 2011 Klassische Trompete an der Musikhochschule Saarbrücken und von 2011 bis 2013 an der HfM Hamburg. 2013 brach er dann jedoch sein Studium ab und begann sich dem Jazz zu widmen. 2017 schloss er dann sein Jazztrompetenstudium in Dresden ab und ist seitdem als freischaffender Musiker tätig. Anfang 2020 begann János dann, an seinem ersten Buch zu schreiben, das nun endlich unter dem Titel „Brot und Spiele und was daraus geworden ist" erscheint.

In seiner Freizeit genießt es der heute in Berlin lebende Autor zu lesen, spazieren zu gehen, Sport zu treiben und vor allem zu musizieren.

DER VERLAG

VINDOBONA
VERLAG · SEIT 1946

ein Verlag mit Geschichte

Bereits seit 1946 steht der Vindobona Verlag im Dienst seiner Bücher und Autoren. Ursprünglich im Bereich periodisch erscheinender Journale tätig, präsentiert sich der Verlag heute als kompetenter Partner für Neuautoren am deutschen, österreichischen und schweizerischen Buchmarkt. Engagement, Verlässlichkeit und Sachverstand – das sind die Grundpfeiler, auf denen der Verlag seit jeher sicher steht.

Sie möchten mit Ihrem Werk das vielseitige Verlagsprogramm bereichern? Der Vindobona Verlag garantiert Ihnen eine professionelle Prüfung Ihres Manuskriptes durch das Lektorat sowie eine zeitnahe Rückmeldung.

Genauere Informationen zum Verlag
finden Sie im Internet unter:

www.vindobonaverlag.com